MISSÕES
ESTRATÉGIAS
PARA EVANGELIZAR

DANIEL MASTRAL
ISABELA MASTRAL

MISSÕES
ESTRATÉGIAS
PARA EVANGELIZAR

SÃO PAULO, 2016

Missões – Estratégias para evangelizar
Copyright © 2016 by Daniel Mastral – Isabela Mastral
Copyright © 2016 by Editora Ágape Ltda.

PRODUÇÃO EDITORIAL
SSegovia Editorial

CAPA
Dimitry Uziel

PREPARAÇÃO
Thiago Fraga

DIAGRAMAÇÃO
Abreu's System

REVISÃO
Alexander B. Azevedo Siqueira

GERENTE EDITORIAL
Lindsay Gois

EDITORIAL
João Paulo Putini
Nair Ferraz
Rebeca Lacerda
Vitor Donofrio

AUXILIAR DE PRODUÇÃO
Emilly Reis

Texto de acordo com as normas do Novo Acordo Ortográfico da Língua Portuguesa (1990), em vigor desde 1º de janeiro de 2009.

Dados Internacionais de Catalogação na Publicação (CIP)
(Câmara Brasileira do Livro, SP, Brasil)

Mastral, Daniel
Missões / Daniel Mastral, Isabela Mastral. – Barueri, SP: Ágape, 2016.

1. Missiologia 2. Missões 3. Vida cristã
I. Mastral, Isabela. II. Título.

14-10225 CDD-266

Índice para catálogo sistemático:
1. Espiritualidade missionária : Cristianismo   266

EDITORA ÁGAPE LTDA.
Alameda Araguaia, 2190 – Bloco A – 11º andar – Conjunto 1112
CEP 06455-000 – Alphaville Industrial, Barueri – SP – Brasil
Tel.: (11) 3699-7107 | Fax: (11) 3699-7323
www.editoraagape.com.br | atendimento@agape.com.br

Sumário

Introdução 11
QUAL É NOSSA MISSÃO? 13
O NASCIMENTO DA ORDEM JESUÍTA 35
EXPLORANDO AS CULTURAS PELO MUNDO! 53
    Budismo 57
    Islamismo 83
    Hinduísmo 101
    Catolicismo 113
    Espiritismo 117
COMENTÁRIOS FINAIS 123
    O Que Dizer Aos Perdidos? 125
    Fator Melquisedeque 128

    Referências 141

Dedicatória

Dedicamos esta Obra a todos os soldados de Cristo, aos missionários que foram comissionados pelo Pai, que, capacitados pelo Espírito Santo, têm levado a mensagem que liberta a todas as nações e a todos os que estão perdidos.

Que o nosso amado Pai os sustente em Suas Poderosas Mãos, evitando que seus pés tropecem. Que os anjos do Senhor os guardem na entrada e na saída, e que o príncipe do Exército do Senhor esteja sempre por perto, com espada desembainhada para os guardar e livrar do laço do passarinheiro.

O Senhor é teu Pastor e nada vai faltar de importante em sua casa. O Espírito Santo te fará forte, quando estiver fraco, e te ensinará todas as coisas...

Não haverá muitos aliados a sua volta, os parceiros de trincheira serão poucos. Mas você nunca estará só.

Jesus sempre estará ao seu lado, até mesmo se teus pais o abandonarem.

Jesus te sustentará e te amará.

Saibam que, nos momentos de dor, de aflição, de lutas, o Senhor sempre estará contigo. Quando tiver que atravessar o vale das sombras e da morte, Ele iluminará seu caminho.

Livrar-te-á de todos encantamentos, das astutas ciladas do diabo, mil cairão ao teu lado, dez mil a tua direita, mas você, escolhido do Altíssimo, não serás tocado! Pois Deus é contigo, por onde quer que teus pés os levem.

Que seu viver seja Cristo!

Não temas a morte, teme só aquele que pode te tirar a vida. A vida Eterna: seu pecado, seu afastamento das veredas da justiça do Senhor.

Ama a Deus acima de todas as coisas, você foi comprado por um sangue precioso... Sangue de Jesus! Nada vai te separar deste amor, nem os perigos, nem as perseguições, nem as calúnias, nem as difamações, pois assim também perseguiram aos profetas que vieram antes de ti.

Jesus foi perseguido, você será perseguido. Haverá momentos de cruz, de solidão, de dor, de te apontarem o dedo. Porém o amor, a unção do Alto, está sobre ti, e há galardão especial aos que estão no centro da vontade do Pai. Ora e vigie a cada dia, não rompas jamais esta aliança com o Deus vivo!

Escrevo estas linhas como incentivo a sua vida, pois também somos missionários do Senhor, e amamos a Obra Missionária. O mesmo Espírito que ajudou Paulo em suas lutas e por fim o fizeram escrever: "Combati o bom combate, acabei a carreira, guardei a fé...", esse mesmo Espírito que fez milagres através da vida de Paulo, cujas vestes curaram os enfermos, cujos demônios eram sobrepujados, cuja autoridade espiritual foi tremenda, está sobre ti, e sobre nós.

Se Paulo, Pedro, Elias, João Batista venceram.

Se até aqui o Senhor tem nos ajudado a ser de fato mais do que vencedores pela Sua graça e misericórdia, assim será também contigo, pois temos o mesmo selo e fazemos parte da mesma família. A família de Jesus!

Fazemos parte desta história! Somos todos células do mesmo Corpo, o Corpo de Cristo!

Há um remanescente fiel...

Há um exército sendo formado... Há som de muitas vozes...

Santo, Santo, Santo, a terra toda está cheia da sua Glória....

Somos cidadãos dos céus, e para nós, filhos e amigos de Deus, há algo especial guardado.

A cidade não necessita nem do sol nem da lua para que nela resplandeçam, pois a glória de Deus a ilumina, e o Cordeiro é sua lâmpada. As nações andarão à sua luz, e os reis da terra trarão para ela a sua glória e honra.

As suas portas não se fecham de dia, e noite ali não haverá.

E a ela trarão a glória e a honra das nações.

E não entrará nela coisa alguma impura, nem o que pratica abominação ou mentira, mas somente os que estão inscritos no livro da vida do Cordeiro (Ap. 21:23-27).

É tempo de escrever mais nomes neste livro, para a Honra e Glória de nosso Senhor Jesus Cristo!

Daniel Mastral

Introdução

Quando ouvi pela primeira vez a profecia que proclamava que o Brasil seria um celeiro de Missões, fiquei entusiasmado.

Porém, com o passar dos anos percebi a necessidade de, antes de qualquer coisa, preparar nossos missionários para tal tarefa. Mantemos contato com mais de 80 missionários espalhados pelo mundo. Muitos dos que estão em campo sofrem com o descaso e acabam por validar, mesmo que em parte, a máxima do Satanismo: "O único exército que abandona seus feridos é o exército de Deus!".

Outros, que estão em treinamento, acabam por desanimar...

Ficam desmotivados, uma vez que têm pouco incentivo por parte do Corpo de Cristo, a Igreja.

A fim de somar, colocamos diante de você, leitor, este material. Cujo propósito básico é acrescentar informações e prepará-lo para conquistar vidas para Jesus e expandir sobre a face da terra a Palavra da Salvação.

Para alcançar os perdidos é fundamental utilizar uma linguagem que atinja o âmago de seus corações, bem como ter conhecimento da cultura e costumes dos povos a que pretendemos levar as boas-novas. Vamos conhecer um pouco dessas culturas, dos costumes, das tradições, das expressões religiosas espalhadas pelo mundo. Com estribo na história e na Teologia, vamos conhecer o que tem dado certo em termos de evangelismo para as nações, e iremos também aprender com os erros cometidos ao longo desta jornada.

Nossa expectativa é de que, ao terminar esta leitura, você possa contemplar novos horizontes e novas perspectivas para alcançar os perdidos e seja encorajado a levar a mensagem da Cruz a todos os que o Pai colocar em seu coração.

Daniel Mastral

Qual é Nossa Missão?

Qual É Nossa Missão?

Portanto, ide e fazei discípulos de todos os povos, batizando-os em nome do Pai e do Filho e do Espírito Santo, ensinando-os a guardar todas as coisas que vos tenho mandado. E certamente estou convosco todos os dias, até a consumação do século. Mateus 28:19-20.

 Evangelho de Marcos complementa:

E estes sinais hão se seguir os que crerem: em meu nome expulsarão demônios; falarão novas línguas; pegarão em serpentes; e, quando beberem alguma coisa mortífera, não lhes fará mal algum; imporão as mãos sobre enfermos e os curarão. Marcos 16:18

Dois fatores a serem ponderados: fazer discípulos *de todos os povos* e os *sinais* que seguiriam os enviados de Deus, capacitados pelo Espírito Santo.

Porém, a realidade que temos observado é outra. Há poucos sinais verdadeiros em nosso meio (talvez, porque a fé de muitos tem se tornado um meio de vida, em vez de um caminho para a vida), e as missões que estão em outros continentes acabam por pregar aos de sua nacionalidade, tendo pouco resultado com os estrangeiros.

Conversei certa vez com pastores que atuam já há dez anos em terra estrangeira. Uma nação de primeiro mundo. Perguntei: "Quantos nativos foram alcançados para Jesus por meio do seu trabalho?".

A resposta foi: Nenhum!

As igrejas evangélicas naquele ponto do globo são pequenas numericamente e quase não causam impacto nos estrangeiros. Acabam por ter em seu rol de membros somente brasileiros. E muitos com situação irregular no país, o que faz baixar ainda mais os números.

"Às vezes temos em um domingo de culto 40 vidas, e no próximo estão somente 15, pois os demais foram deportados. O número sempre é flutuante, e não alcançamos os dessa nação, pois eles são muito fechados para nosso trabalho", disse-me o pastor.

Evidente que muitos trabalhos missionários têm tido real êxito, bem como há ministérios sérios e comprometidos com o Reino de Deus, que têm expressado sinais verdadeiros e palpáveis. Mas o médico vem para os doentes, e o propósito deste material é colaborar para dar crescimento aos que estão estagnados. Dar conhecimento aos que estão na ignorância. Dar estratégias aos que estão perdidos, mas querem acertar o alvo. Bem como acrescentar conhecimento aos que estão no caminho certo e municiá-los com mais dados e informações que irão somar ao seu conteúdo.

"Da covardia que teme novas verdades. Da preguiça que aceita meias verdades.

Da arrogância que pensa conhecer toda a verdade. Ó Senhor, livra-nos." (Arthur Ford)

Conquistar nações para Jesus requer sabedoria e disciplina, aliadas à capacitação do Espírito Santo, que se tornam armas poderosas contra as resistências espirituais de cada local. Como vencer os espíritos territoriais e salvar as vidas que eles têm cativas?

"A desordem nasce da ordem, a covardia da coragem e a fraqueza da força. A ordem e a desordem dependem da disposição e da logística, e a coragem e a covardia dependem da ocasião ou do posicionamento estratégico, a força e a fraqueza dependem dos esforços de cada exército." (Sun Tzu – A Arte da Guerra)

Temos a chancela de Cristo, e isso nos faz embaixadores do Reino de Deus na Terra. Confere-nos autoridade espiritual. Porém essa autoridade precisa ser conquistada. Não é algo adquirido. Nós, como missionários, também enfrentamos muitas pelejas no dia a dia. Enfrentamos perseguições, ataques espirituais, etc. Podemos assegurar ao leitor que a maior das guerras é travada em nossos corações.

Então Jesus entrou em uma casa. Afluiu outra vez a multidão, de tal maneira que sequer podiam comer. Quando os seus ouviram isso, saíram para o prender, pois diziam: Está fora de si. Os escribas, que tinham descido de Jerusalém, diziam: Está possesso de Belzebu... Marcos 3:20-22.

Muitos diziam: Está possuído por um demônio, e está fora de si. Por que o ouvis? Mas outros diziam: Estas palavras não são de endemoninhado. Pode um demônio abrir os olhos dos cegos? João 10:20-21.

Pois até seus irmãos não criam nele. João 7:5.

...Uns diziam: Ele é bom. Outros respondiam: Não, ele engana o povo João. 7:12.

Jesus foi acusado pelos seus, pela sua família, de estar ficando fora de si. Pelos líderes religiosos de seu tempo de ter parte com Belzebu! Notem que não há relato de ataque do diabo, mas pura e simplesmente de atitudes humanas desprovidas de sabedoria, de amor, de caráter.

Importante salientar que Jesus não menciona, nem ao menos de forma subjetiva, que tal atitude, especialmente dos Fariseus, eram oriundas de uma possessão demoníaca.

Na verdade, as atitudes acima descritas eram a expressão do caráter de vidas não lapidadas pela Palavra. Jesus os chama de raça de víboras. Eram as serpentes mais venenosas conhecidas naquele tempo. Chama-os de sepulcros caiados, de hipócritas. Essas palavras remetem ao caráter, ao coração daqueles homens.

Paradoxalmente eles eram muito respeitados em seu tempo, conheciam profundamente as escrituras, sentavam-se nas primeiras filas nas sinagogas. O termo Fariseu significa: "os separados". Infelizmente, estavam separados de Deus, e não por Deus.

O treinamento missionário é árduo. Quanto mais suar no treinamento, menos sangrará na guerra. Haverá momentos de dor. Prossiga. Não desista, persista, insista na vitória. Quando a dor vier, continue a caminhada, ela cessará. Mas se você parar, ela durará para sempre.

Se quiser viver piamente em Cristo, certamente padecerá perseguições. II Timóteo 3:12.

Os apóstolos passaram por muitas perseguições.

...levantaram perseguição contra Paulo e Barnabé, e os lançaram fora de sua região. Sacudindo, porém, contra eles o pó dos seus pés, partiram para Icônio. Os discípulos estavam cheios de alegria e do Espírito Santo. Atos 13:50-52.

De onde vinha a alegria, no meio das perseguições? Do Espírito Santo!

Queres servir a Deus de todo o teu coração? Provar do Poder do Alto? Da autoridade que só Jesus pode te dar? Queres ver em tua vida os sinais que Paulo, Pedro, Elias, Josué, Moisés, viram e sentiram? Há um preço a ser pago. Estás pronto para as pedras?

Antes, como ministros de Deus, recomendamo-nos em tudo: na muita paciência, nas aflições, nas necessidades, nas angústias, nos açoites, nas prisões, nos tumultos, nos trabalhos, nas vigílias, nos jejuns, na pureza, no saber, na longanimidade, na benignidade, no Espírito Santo, no amor não fingido, na palavra da verdade, no poder de Deus; pelas armas da justiça à direita e à esquerda, por honra e por desonra, por má fama e por boa fama; como enganadores, porém verdadeiros; como desconhecidos, porém bem conhecidos; como morrendo, porém vivemos; como castigados, porém não mortos; como entristecidos, porém sempre alegres; pobres, mas enriquecendo a muitos; nada tendo, mas possuindo tudo. II Coríntios 6:4-10.

Hoje estas palavras representam para nós, como missionários do Senhor, um hino do soldado de Cristo. Quando aceitamos o chamado, estas eram apenas palavras bonitas. Hoje são uma realidade em nossas vidas. E vemos como uma grande honra e um privilégio servir ao Rei dos reis. Ver o Poder de Deus se manifestar em sua multiforme graça. Restaurando vidas, renovando as forças dos fracos, abrindo os olhos dos cegos, despertando os que dormitam. Preparando a Noiva, para a volta gloriosa de Jesus!

Ser chamado amigo de Deus, e estar no centro de Sua vontade é o melhor lugar para se estar.

Se fizeres do Senhor o teu refúgio, e do Altíssimo a tua habitação, nenhum mal te sucederá, nem praga alguma chegará a tua tenda. Pois aos seus anjos dará ordem a teu respeito, para te guardarem em todos os seus caminhos... Salmo 91:9-11.

Não temos como mensurar o que é isso! Bastou apenas um anjo do Senhor para aniquilar o exército de Senaqueribe. E não foram poucos: 185.000! II Reis 19:35.

E a esses anjos é dada ordem a nosso respeito, para que nos guardem e protejam. Privilégio dos verdadeiros filhos de Deus. Para ser missionário, onde quer que esteja, é necessário um compromisso com a verdade. Jesus é a verdade! Verdade liberta! Paulo fala sobre o cinturão da verdade. Algo que te envolve, te reveste, te circunda. Está a tua volta.

Ao aceitar o chamado, as pedras virão, as perseguições virão, as lutas aumentarão, mas a alegria, o poder, a paz e a autoridade verdadeira virão também. Portanto, não desanime quando as lutas surgirem. Não esmoreça em momentos de cruz. Haverá momentos de solidão, de dor, de escárnio. Apontarão o dedo a você e dirão: "É crente? Veja como está sua vida financeira, sua saúde, seu casamento, seu ministério. Deus não te ajuda?"

Jesus passou por isso. Zombaram dele na cruz, ficou só na cruz, sentiu dor na cruz. Mas Ele venceu a cruz por nós! E Nele somos mais do que vencedores! Portanto toma tua cruz e siga os passos do Mestre! Leve as boas-novas a todas as nações, a todos os lugares que o pai te enviar, compartilhe a mensagem da salvação aos perdidos.

Passarei por privações?

Quantos missionários não passam por privações? E muitos passam por necessidades devido à falta de amor entre nós. Precisamos resgatar o amor verdadeiro, que ama ao próximo como a si mesmo. Sem amor, como levar o amor?

Quem tiver bens no mundo, e vendo seu irmão necessitado, cerrar-lhe o coração, como estará nele o amor de Deus? I João 3:17.

Quando nos deixamos conquistar plenamente pelo Amor de Cristo em nossas vidas, tudo a nossa volta muda. Paulo nunca mais foi o mesmo depois de ter um encontro com Jesus.

Conversão requer transformação. É mudança de rota, de prumo. Nossos valores são outros, passamos a contemplar os tesouros no céu, e é inevitável querer que outras vidas sejam contagiadas com este amor e façam parte da família de Jesus. Há, sem sombra de dúvida, barreiras espirituais, culturais, regionais e serem rompidas.

Mas o que mais temos visto, a maior das guerras, está no caráter de cada um. Nas mentiras, nos roubos, na falta de idoneidade...

E Davi os apascentou segundo a integridade de seu coração; guiou-os com a perícia de suas mãos. Salmo 78:72.

O coração de quem vai levar as boas-novas precisa ser íntegro. Com isso o Pai adestrará nossas mãos a fim de combatermos o bom combate e sermos verdadeiramente mais do que vencedores.

Observem o exemplo que o Livro de Josué nos dá no capítulo 7.

Josué veio de uma grande vitória, e está em rumo a mais uma conquista.

> ...feriram deles uns trinta e seis. Perseguiram-nos desde a porta até Sebarim, e nos derrotaram na descida. E o coração do povo se derreteu e se tornou como água. Josué 7:5.

Devido ao pecado de apenas um homem, Satanás mata 36 homens, rouba a bênção da vitória e destrói o coração do povo que fica sem esperanças. Não houve aqui ataque satânico, mas falta de caráter, de integridade. Houve mentira, houve roubo, e como consequência perdem a autoridade espiritual.

> Israel pecou, e violaram a minha aliança que lhes tinha ordenado, e furtaram, e mentiram, e até debaixo da sua bagagem a puseram. Josué 7:11.

O caráter de um missionário precisa ser lapidado a cada dia.

> "Orai e vigiai sem cessar."

Portanto, antes de ir avante, sonde seu coração, e veja se há algum entrave em sua vida que precisa do perdão de Jesus, da restauração e da cura que só Cristo pode nos dar. Sem santidade, não veremos a face de Deus, nem seu sobrenatural, nem os sinais, nem teremos autoridade alguma. (Saiba mais sobre o tema com o livro "Alerta geral – Cura e Libertação" – Editora Ágape.) Não passaremos de meros fariseus, de sinos que retinem.

> *Esconjuro-vos por Jesus a quem Paulo prega...*
> *...Respondeu, porém, o espírito maligno: Conheço a Jesus, e bem sei quem é Paulo, mas vós quem sois? Atos 19:13-15.*

Autoridade Espiritual é algo conquistado!

VAMOS VISLUMBRAR MELHOR O CONTEXTO DAS MISSÕES À LUZ DA BÍBLIA.

As missões remontam ao período do Antigo Testamento, uma época de missões pátrias. Os profetas, sem sombra de dúvida foram missionários no sentido mais amplo da palavra. Todavia, somente após a época dos salmistas e dos profetas que houve uma visão clara da vida pós-túmulo, sendo evidente que a mensagem divina foi dada também a preparar os homens para essa vida.

No A.T. vemos o livro de Jonas como sendo de natureza claramente evangelística.

O profeta foi missionário no exterior. Alguns teólogos o chamam de João 3:16 do Antigo Testamento.

O livro foi escrito, segundo pesquisadores, em torno do ano 850 a.C., durante ou pouco antes do reinado de Jeroboão II, quando bem-sucedidas conquistas militares de Israel ampliaram grandemente seu território.

No fim do livro de Jonas fica clara a bondade e amor de Deus, até mesmo com os animais!

Mas em Ninive há mais de cento e vinte mil pessoas, que não sabem discernir entre a mão direita e a esquerda, e também muito gado. Não hei de ter compaixão desta grande cidade?

Missões requerem diálogo. É um encontro pessoal. É romper barreiras!

Pois ele é a nossa paz, o qual de ambos os povos se fez um, e destruiu a barreira de inimizade que estava no meio...

...Assim já não sois estrangeiros, nem forasteiros, mas concidadãos dos santos, e da família de Deus... Efésios 2:14-19.

O crente precisa ir onde estão os perdidos. Para tal é necessário *translação*.

Jesus fez isso. Sendo Deus, colocou-se na forma de homem, para alcançar os homens.

De sorte que haja em vós o mesmo sentimento que houve em Cristo Jesus, que, sendo em forma de Deus, não teve por usurpação ser igual a Deus, mas a si mesmo esvaziou, tomando a forma de servo, fazendo-se semelhante aos homens. Filipenses 2:5-7.

O combustível deste ato é o amor. Não adianta percorrer os mares ou visitar terras distantes apenas para fazer mero "turismo", ou se dizer "missionário".
Os Fariseus também faziam isso. O que Jesus diz a eles?

Ai de vós escribas e fariseus hipócritas! Devorais as casas de viúvas, sob pretexto de prolongadas orações. Por isso sofrereis mais rigoroso juízo. Ai de vós escribas e fariseus hipócritas! Percorreis o mar a e terra para fazer prosélito, e depois de terdes feito, o tornais filho do inferno duas vezes mais do que vós. Mateus 23:14-15.

Proselitismo: esforço proposital de fazer convertidos a alguma fé religiosa ou a alguma ideia ou partido político.
Sem amor, o evangelismo morre ao anunciar a vida.
Lembro-me de certa ocasião quando ouvi sobre uma campanha evangelística na igreja. Estavam arrecadando fundos para uma viagem missionária, cujo propósito era de levar a mensagem da Cruz aos perdidos. Apurei os ouvidos ao apelo que o pastor fazia com entusiasmo, estimulando os irmãos a ofertarem generosamente, pois aquela era uma missão nobre. O enviados seriam os próprios pastores e suas respectivas famílias.

O local de evangelismo: Disneylândia! O pretexto era que, naquela época, as filas para ingresso nos brinquedos do megaparque de diversões eram um pouco demoradas. Em média, a espera podia levar cerca de trinta minutos. Nesse tempo, então, eles falariam de Jesus a quem estivesse na fila a sua volta. Detalhe: nenhum deles sabia falar inglês.

Mas o fruto do Espírito é: amor, gozo, paz, longanimidade, benignidade, bondade, fidelidade, mansidão, domínio próprio. Contra essas coisas não há lei. Gálatas 5:22

Portanto, é fundamental estar próximo do alvo a ser evangelizado. Conhecer sua cultura, sua expressão religiosa, seus costumes. Pois só assim o missionário terá portas abertas a sua presença e será ouvido.

O mundo está enfadado de teólogos, empresários, de unção disso, unção daquilo. O mundo quer a unção de Cristo, o amor de Cristo, a paz de Cristo, a alegria de Cristo.

Lembro de um testemunho tremendo que ouvi de um grupo missionário que tem base na Itália. No início, eram só eles, um pequeno grupo. Muitos trabalhavam em pizzarias, lojas, cantinas, como mão de obra. Afinal, precisavam de provisões para se manter, uma vez que o sustento foi interrompido por parte das igrejas que eram suas mantenedoras. O testemunho de vida falou alto. Os patrões notaram algo diferente neles. Eram pontuais no horário de trabalho, não reclamavam do serviço, estavam sempre alegres e dispostos. Preocupavam-se com seus colegas de trabalho, e até com os clientes. Ao notarem alguém triste, logo tinham uma palavra de incentivo, de bom ânimo. Oravam muito e em tudo davam graças. Tal comportamento chamou a atenção dos italianos ao redor daqueles vasos de honra. E aos poucos foram se aproximando. Conheceram o local onde eles se reuniam para orar e compartilhar da Palavra. Depois de alguns meses já havia mais italianos do que brasileiros no grupo que não parava de crescer e tornou-se uma igreja. Atualmente com maioria italiana. O testemunho de vida falou mais do que mil palavras. Nisso devemos nos pautar. Viver o que se prega, em vez de pregar para viver!

O Espírito do Senhor Deus está sobre mim. Isaías 61

Uma ocasião Deus me deu uma experiência ímpar, que nunca mais vou esquecer. Recebi um e-mail de um jovem que se dizia ser satanista e lamentava o fato de eu ter abandonado a seita. Tentava me convencer a retornar. Senti profundo amor por aquela vida, que estava perdida. Marquei um encontro para conversarmos. Por medida de prudência, agendei em um local público bem movimentado. No Shopping Paulista. A Av. Paulista, em São Paulo, é um local bem movimentado e o shopping, estrategicamente posicionado, também sempre está com movimento acentuado. Marquei um café, na parte da tarde. Quando cheguei, ele já estava lá. Um rapaz franzino, baixo, com cabelo bem curto. Olhos negros profundos. Aparentava uns 20 anos de idade. Recebeu-me secamente, como que me fazendo o favor de dar-me a chance de repensar meus valores e minhas crenças.

Mal me sentei e ele disparou a falar. Contou sua história pregressa, segundo a qual ele nascera em uma família de crentes. Mas muito legalistas, conservadores, tradicionais, e cujo pai havia traído a sua mãe com uma componente do coral da igreja. Depois o pai abandonou o lar, e mãe abraçou ainda com mais veemência a fé. O que, para ele, era pura "loucura".

Então ele passou a procurar o diabo, as seitas, mas não tinha ainda conseguido contato com alguém ligado a alta magia, à Irmandade. Tentou me persuadir a apresentá-lo a alguém influente, onde posteriormente seríamos "parceiros". Deixei ele falar, não o interrompi em momento algum. Fiz o que o Espírito Santo me ordenara. Ser pronto a ouvir e tardio no falar. Quem fala precipitadamente fala o que não sabe, ou o que não deve. O discurso do jovem durou cerca de duas horas. Nisso eu já havia tomado uns dez cafés e comido ao menos uns 10 pães de queijo. Ele nem água tomou. Só falava compulsivamente.

Como eu ouvia com atenção, ele deve ter inferido que estava muito interessado em suas argumentações e prosseguia com entusiasmo diante de minha aparente aquiescência. Na verdade eu orava em pensamento, contudo, não deixava de ouvir o que ele proferia. Esperava o momento certo para falar. Pedia a Deus que me usasse como instrumento de Seu Poder. Por fim ele se deu por satisfeito e cessou. Olhava para mim com ansiedade, aguardando minha reação. Nos seus olhos havia um misto de expectativa e melancolia. Mexia as mãos copiosamente. Estava ficando eufórico. Não disse nada por alguns instantes. Aguardei no silêncio a voz do Espírito. O que eu faço? Perguntei em pensamento ao Pai. Ore por ele, foi a pronta resposta.

Disse ao jovem: "Posso orar por você?"

Ele não esperava essa frase como resposta depois de tudo o que dissera. Mas aceitou. Um pouco contrariado, mas aceitou. Talvez nutrindo a esperança de que, se nada acontecesse, aquilo fortaleceria suas argumentações.

Não havia demônio ali. Ele não seria possuído por uma entidade no meio do shopping. Mas havia opressão. O envolvi com meus braços, fechei os olhos e comecei a orar. Imaginei que ele teria idade para ser meu filho e senti uma dor lancinante em meu coração por aquela vida. Esqueci de onde estava, comecei a clamar a Deus, baixinho, sentia Sua presença forte ali. Não me recordo dos detalhes, mas lembro que o Espírito Santo me levou a orar para que ele visse Deus como um Pai verdadeiro, que o ama, e que nunca o iria trair. Orei para que ele dissolvesse aquela imagem distorcida do Deus Pai, comparando-a com seu pai biológico.

De repente, senti o rapaz tremer, chorava, tremia, depois já estava soluçando de tanto chorar, pedia perdão a Deus, perdão a mim, perdão a todos. Estava quebrantado! Acabou por aceitar Jesus. Saiu de lá renovado, feliz, leve.

Seus olhos já não eram mais opacos, agora irradiavam brilho novo. Pela primeira vez pude ver seus dentes, pois ele sorria muito, e chorava...Deu-me um abraço muito forte, agradeceu, e saiu em passos rápidos para dar as boas-novas a sua mãe.

Depois escreveu a mim novamente, transmitindo a felicidade de sua mãe e de seus parentes com a sua conversão. Atualmente esse jovem está estudando Teologia e em breve será Pastor.

Nada fiz por meu mérito. Mas pelo Espírito Santo. O Espírito de Deus está sobre mim, sobre você, sobre nós, selados pelo sangue do Cordeiro!

É deste espírito que o mundo precisa!

Qual era a premissa da Igreja primitiva?

Era um o coração e a alma da multidão dos que criam, e ninguém dizia que coisa alguma que possuía era sua própria, mas todas as coisas lhes eram comuns. Os apóstolos davam, com grande poder, testemunho da ressurreição do Senhor Jesus, e em todos eles havia abundante graça. Não havia entre eles necessitado algum. Pois todos os que possuíam herdades ou casas, vendendo-as, traziam o preço do que fora vendido, e o depositavam aos pés dos apóstolos.

Não havia necessitados. Era um só o coração do povo. Não havia placas, cercas, muros que os separassem. Eram unidos pelo amor!

E quando os apóstolos recebiam as ofertas depositadas aos seus pés, o que eles faziam com os valores arrecadados? Compravam um cavalo árabe? Um iate?

Não. Eles simplesmente repartiam com quem tinha necessidades...

E repartia-se a cada um, segundo a sua necessidade.
Atos 4:32-35.

O mundo está saturado de "religiosos respeitados". O mundo precisa de Jesus!

E Jesus conta com você, que sente arder em seu peito o chamado para alcançar as vidas perdidas e conduzi-las às veredas da justiça do Senhor. Deus conta com os seus Carvalhos de Justiça, com seus Vasos de Honra! Você faz parte desta história! É tempo de proclamar o evangelho a toda criatura. Tempo de saquear o inferno, de restaurar vidas. Tempo de preparar a Terra para a volta de Jesus! Deus conta com a sua voz profética. Conta com a Geração João Batista.

Vamos dar um panorama dos principais pontos da Terra que necessitam de intervenção do evangelho em caráter de urgência.

Atualmente, das cinco maiores expressões religiosas do planeta, a que possui maior número de adeptos é a muçulmana.

Há 1,3 bilhão de muçulmanos, contra 1,1 bilhão de católicos, segunda maior expressão religiosa. (Dado extraído da revista *Veja*, p. 83, ano 41, número 14, de 09.04.2008, editora Abril.)

Evangelizar um muçulmano exige acima de tudo humildade e sinceridade. Esse povo foi massacrado pela Igreja Católica durante dois séculos, por meio das Cruzadas. No ano de 1095 foi deflagrada a perseguição implacável a esses povos que rejeitaram a imposição do Cristianismo contaminado a fio de espada. O primeiro passo é pedir perdão pelos erros de nossos ancestrais.

Pedir perdão rompe barreiras, quebra muralhas, abre as portas do coração e dos ouvidos para te ouçam. Humildade precede honra.

O Nascimento Da Ordem Jesuíta

O Nascimento Da Ordem Jesuíta

A doutrina cristã estava contaminada pelo sincretismo romano. Foi aculturada pelos costumes pagãos, o que fez com que a premissa de Jesus ser o único caminho, a verdade e a vida fosse deixada de lado. Foram apresentados outros caminhos, outras expressões da verdade para conduzir a vida. Como os romanos eram politeístas, logo deram lastro para a formação das bases da Igreja Católica Apostólica Romana, cujo início deu-se com o edito de Milão, em 313. O imperador Constantino deflagra um novo sistema religioso, permitindo a penetração do politeísmo em uma religião monoteísta. Jesus deixa de ser o único caminho. Há agora outros mediadores entre o homem e Deus, há agora os "santos". Um novo modelo religioso estava nascendo, e com ele afastavam-se os preceitos que Jesus estabelecera.

Logo têm início as Cruzadas, que tinham como alvo levar esse modelo religioso a outros povos. Era uma espécie de "missão cristã", porém já contaminada pelo sincretismo. O termo Cruzada deriva do latim *cruciata* (marcado com a cruz). Passou pelo termo francês *croisade* e pelo termo espanhol *cruzada*. O propósito era recuperar lugares santos do Cristianismo, agora sob o poder dos islamitas. As campanhas foram do século XI ao XIII.

Os turcos conquistaram a Armênia e subjugaram a Ásia Menor, estabelecendo capital em Niceia. Em seguida marcharam para Jerusalém capturando-a em 1076.

Em 1095, por meio do concílio de Clermont, foi tomada a decisão de enviar um exército a fim de eliminar os islamitas que controlavam a Terra Santa. A guerra foi proclamada pelo papa Urbano II. Na primeira cruzada foram capturadas as cidades de Antioquia, na Síria, em 1098 e de Jerusalém em 1099. Seguiram-se outras cruzadas, impondo violência e destruição. As guerras "santas" eram santas só no nome. Na verdade, promoviam atrocidades e muito sangue foi derramado.

Mais tarde o sistema católico irá ser hospedeiro de mais uma contaminação que levou milhares de vidas à morte. A Inquisição. (Assunto que alongamos em nosso livro "Rastros do Oculto" – Editora Ágape.)

Na tentativa de restabelecer a ordem religiosa nasceu o movimento Jesuíta no século XVI, também conhecida como Sociedade de Jesus. Seu fundador, um espanhol, Inácio de Loyola, também escreveu um livro: "Livro dos

Exercícios Espirituais". Era um guia para os que queriam ser recrutados para a causa de Cristo e para o serviço do papado. Isso motivou centenas de devotos a formar uma ordem religiosa de total devoção ao papa.

Tal decisão foi oficializada de forma solene em uma cerimônia celebrada na capela Montmartre, fora de Paris, em 15 de agosto de 1534. O papa Paulo III considerou que a ordem poderia servir melhor se tivesse base em Roma e não em Jerusalém, como era a premissa inicial. A ordem foi oficialmente reconhecida pelo papa em 27 de setembro de 1540. No ano seguinte Inácio foi eleito o primeiro superior da Nova Sociedade. Ele traçou uma detalhada constituição a ser seguida pelos adeptos.

Havia rigorosos testes para admissão. Passavam dois anos de duras provas a fim de selecionar os candidatos. Os que fossem aprovados fariam três votos: de pobreza, castidade e obediência. Passavam entre doze a quinze horas diárias estudando humanidades, filosofia e teologia. A formação encerrava-se com estudos especiais em teologia mística e um complexo estudo sobre a história da natureza e da própria sociedade. Os que chegavam ao final desses estudos faziam votos adicionais de obediência e lealdade ao papa.

Nos dias atuais o impacto da ordem dos Jesuítas na educação é muito acentuado. A título de exemplo: nos Estados Unidos da América essa organização conta com 41 ginásios com mais de 25.000 alunos; 28 colégios e universidades, somando mais de 100.000 alunos. Há mais de 50 grupos missionários espalhados pelo mundo. E qual o resultado espiritual desse investimento?

Vamos recuar no calendário e ver como foi esse processo em terras brasileiras. Na educação dos índios. Os primeiros jesuítas chegaram ao território brasileiro em março de 1549 juntamente com o primeiro governador-geral, Tomé de Souza. Eram comandados pelo padre Manuel da Nóbrega e edificaram a primeira escola elementar brasileira. O mais conhecido e talvez o mais atuante foi o padre José de Anchieta, que se tornou mestre-escola do Colégio de Piratininga e foi missionário em São Vicente.

Perceberam que não seria possível converter os índios à fé católica sem que soubessem ler e escrever. De Salvador a obra jesuítica estendeu-se para o sul e, em 1570, já era composta por cinco escolas de instrução elementar: Porto Seguro, Ilhéus, São Vicente, Espírito Santo e São Paulo de Piratininga, e três colégios: Rio de Janeiro, Pernambuco e Bahia. Nessas Missões, os índios, além de passar pelo processo de catequização, também eram orientados ao trabalho agrícola, que garantia aos jesuítas uma de suas fontes de renda.

As Missões acabaram por transformar os índios nômades em sedentários, o que contribuiu decisivamente para facilitar a captura deles pelos colonos, que conseguiram, às vezes, capturar tribos inteiras nessas Missões.

Os jesuítas permaneceram como mentores da educação brasileira durante duzentos e dez anos, até 1759, quando foram expulsos de todas as colônias portuguesas por decisão de Sebastião José de Carvalho, o marquês de Pombal, primeiro-ministro de Portugal de 1750 a 1777.

No momento da expulsão os jesuítas tinham 25 residências, 36 missões e 17 colégios e seminários, além de seminários menores e escolas de primeiras letras instaladas em todas as cidades onde havia casas da Companhia de Jesus. A educação brasileira, com isso, vivenciou uma grande ruptura histórica num processo já implantado e consolidado como modelo educacional.

Se a ação dos Jesuítas se limitasse realmente ao trabalho missionário, não haveria grandes impasses. Havia interesses materiais camuflados. Muitos foram acusados de enriquecer à custa dos índios, tiveram decretado contra eles várias prisões, e seus bens foram sequestrados. Mais de 500 religiosos foram expulsos do Brasil, alguns encarcerados em Portugal e outros remetidos ao Vaticano.

No quesito educação houve sem dúvida uma perda. Mas, no tocante à evangelização, quais resultados práticos foram obtidos? Quando os bandeirantes chegaram às terras brasileiras, destroçaram os índios, roubaram seus bens, tomaram suas mulheres.

Logo depois chegam os padres jesuítas, pregando sobre o amor e mostrando pendurado em uma cruz o Deus que eles cultuam. O que os indígenas devem ter pensado?

"Se fizeram isso ao Deus deles, que tanto amam, o que farão conosco?"

O tempo mostrou que onde há corrupção, mentira, roubos, não há lugar para o amor.

Os jesuítas foram expulsos, e os índios até hoje ainda necessitam de atenção especial no tocante ao evangelismo. Os primeiros moradores destas terras (Brasil), e muitos deles, ainda não conhecem o Criador de todas as coisas...

Outro bom exemplo de modelos de evangelismo que não deram certo é o da colonização dos povos astecas no México, pelos espanhóis.

O Império Asteca durou de 1325 até 1521. Foram uma civilização pré-colombiana cujo território corresponde ao atual México. Outro nome dado aos astecas é *Mexicas*, daí o termo México. Atingiram alto grau de sofisticação tecnológica e cultural. Sabiam fabricar papel e cordas muito resistentes com fibras das folhas do agave. Fundiam metais, faziam tapeçarias, curtiam as peles dos animais. Plantavam também tabaco e diversas variedades de cereais. A base da cultura e da alimentação era o milho. O cacau servia para fabricar o *chocoaltl*, bebida que se difundiu pelo mundo inteiro com o mesmo nome, sofrendo pequenas variações: o chocolate. Era comum acrescentar à bebida pimenta.

Eram governados por uma monarquia eletiva e organizavam-se em diversas classes sociais, tais como: nobres, sacerdotes, guerreiros, comerciantes e escravos. No aspecto religioso, destacava-se a questão dos sacrifícios humanos em larga escala a fim de preservar a invencibilidade nas batalhas, uma boa colheita (especialmente milho) e a garantia da presença do sol a cada dia. Mesmo em tempos de "paz", havia jogos de guerra cujo objetivo era capturar mais vítimas para os sacrifícios. Os homens eram sacrificados para garantir uma boa colheita, e até mulheres e crianças eram imoladas, oferecidas aos deuses a fim de que suas lágrimas trouxessem as chuvas necessárias.

Para um guerreiro, morrer em combate era uma honra, pois ele receberia recompensas na outra vida, pós-morte. Eram treinados para isso desde a infância. Esses valores estavam incrustados em sua mente. No entanto, as mulheres e crianças não tinham esse preparo mental para suportar agonizantes mortes, realizadas nas cerimônias rituais. Elas choravam copiosamente. As suas lágrimas regavam a terra em sinal aos deuses para que eles mandassem chuvas para boas lavouras.

Eram usadas facas cerimoniais de pederneira com cabos de ouro e pedras preciosas.

Os astecas também eram politeístas, em seus panteões havia centenas de deuses, e uma curiosidade: havia um deus sem face, invisível e impalpável, desprovido de história mítica para o qual havia um templo sem ídolos, apenas uma torre. Foi erguido pelo rei de Texoco, Nezaucoyoatl. Esse rei definia aquele deus como "aquele graças a quem nós vivemos".

Alguns historiadores inferem que tal característica, também encontrada em outras culturas, era uma forma de preservação. Pois se acaso eles tivessem esquecido algum deus, dentre tantos, aquele simbolizaria esse deus desconhecido.

Um indício aqui também do "Fator Melquisedeque"?

Segundo um cronista da época, Bernal Del Castilho, Malinche era uma jovem, filha de um nobre, nascida em uma região que era divisa entre o Império Asteca e os estados maias da Península de Yucatán. Ela conhecia tanto a linguagem maia quanto o Nahuati, idioma usado pelos Astecas.

Dessa forma ela serviu de intérprete para Hernán Cortez (1485 – 1547). Malinche traduzia do Nahuati para o maia, que era traduzido para o espanhol por Aguilar (um náufrago espanhol).

Em pouco tempo essa jovem aprendeu o espanhol, converteu-se ao Catolicismo e tornou-se companheira de Cortez. Eles tiveram um filho que deu início a uma nação mestiça.

Cortez soube aproveitar bem a oportunidade que lhe apareceu. Ele estava sendo confundido com um deus asteca conhecido como Quetzacoatl. Na visão dos astecas a chegada de Cortez significava a realização de uma profecia, segundo a qual esse deus voltaria e assumiria o trono em Tenóchtitlán. (A capital Asteca já era mais populosa que muitas cidades europeias da mesma época.)

A informação no contexto da guerra é algo fundamental. Estar munido de informações sobre o povo a ser conquistado é arma poderosa. Sem essa informação Cortez não teria vantagem. Quando chegou estava com cerca de 500 soldados, 100 marinheiros e alguns cavalos. As armas, embora "sofisticadas" para a época, falhavam muitas vezes. Não funcionavam na chuva, as recargas eram demoradas.

Seriam alvos fáceis para as flechas indígenas. Ele precisava de aliados. Estratégia de guerra! Os astecas tinham muitos inimigos, pois haviam subjugado muitas tribos. Era uma oportunidade de vingança para essas tribos estar aliadas a Cortez.

Alguns pesquisadores lançam a conjectura de que essa profecia teria sido feita após a chegada dos espanhóis, como uma forma de tentar explicar a chegada daqueles homens tão estranhos para os astecas.

Por isso quando Cortez chegou à capital asteca, em novembro de 1519, acompanhado de soldados espanhóis e milhares de guerreiros indígenas aliados, recebeu as boas-vindas de Montezuma II, imperador asteca. Uma vez que ele próprio também acreditava na profecia.

Não demorou muito para o imperador perceber que estava enganado. Já era tarde demais. Montezuma foi feito prisioneiro, e logo seus objetos de ouro, suas riquezas, suas terras, foram saqueados pelos espanhóis. Além de grande parte de sua população ser dizimada por doenças contra as quais não tinham anticorpos para se proteger, como a gripe e o sarampo, por exemplo.

O domínio opressivo perdurou por meses.

Cortez precisou se ausentar da cidade, e então Pedro de Alvarado, seu substituto no comando das tropas, aproveitando sua ausência ordenou o massacre de milhares de astecas que estavam reunidos ao redor do Templo Maior, durante a festa de Tóxcati. Montezuma foi assassinado nessa ocasião, em 1520.

Esse episódio ficou conhecido historicamente como "Noite Triste" e marcou o início da guerra entre astecas e espanhóis. Quando Cortez retornou, não conseguiu acalmar o ânimo do povo, e não houve alternativa a não ser bater em retirada diante de uma multidão enraivecida e disposta a tudo. Buscou refúgio em Tlaxcaia, cidade onde viviam os principais inimigos dos astecas. Estes jamais haviam se rendido aos astecas e agora, aliados aos espanhóis, estavam com poder fortalecido.

Cortez busca também reforços na Espanha. Armado de canhões, mosquetes, arcabuzes, bacamartes, espadas, etc. Cerca de 900 soldados espanhóis e milhares de guerreiros indígenas, Cortez sitiou a capital asteca. Em 13 de agosto de 1521, após 75 dias de resistência, o último imperador asteca, Cuauhtémoc, sucessor e irmão de Montezuma II, foi obrigado a se render. Morreu de varíola.

Era o fim do Império Asteca.

Em seguida, ao que sobrou da população, é apresentado o Catolicismo. Mais uma vez um paradoxo. Matam, roubam, destroem e depois apresentam uma bandeira de amor incondicional. Como superar os traumas causados com tanto sangue derramado?

Quais locais espalhados pelo mundo que mais necessitam de Jesus?

São muitos. Vamos expor alguns desses pontos, bem como sua expressão religiosa, seus costumes, suas crenças, a fim de dar alicerce firme no processo de evangelização.

O Ritual Vodu e a Zumbificação – Produtos De Sincretismo

Uma coisa que julgamos importante o missionário saber é sobre o ritual de Zumbificação.

Muitos missionários vão a terras onde o ritual Vodu é praticado e não sabem que não se trata tão somente de um mero feitiço, mas de uma substância poderosa que pode matá-lo em pouco tempo, ou torná-lo um "Zumbi" para sempre!

A imunidade a essas contaminações só é obtida com uma vida de santidade e temor a Jesus.

Por isso é importante saber que algumas práticas da magia negra realmente funcionam diante de uma vida sem autoridade espiritual verdadeira.

Mas o que é o Vodu?

Vodu (em Dahomey *vodun*, "espírito"), deriva da língua africana quimbundo.

É um culto africano de origem, praticado principalmente no Haiti (cujo nome significa Terra Montanhosa). Também é praticada em Cuba, Trinidad, Brasil e no sul dos Estados Unidos, sobretudo na Louisiana.

O vodu combina elementos do Cristianismo primitivo, do Catolicismo e de religiões tribais da África ocidental, particularmente Benin. Foi em um reino chamado

Daomé, hoje conhecido como Benin. Com a escravidão no século XIX, os nativos de Daomé foram capturados e levados como escravos para que fossem trocados por armas e mantimentos por mercadores europeus. O que os levou a se estabelecer em muitas partes das ilhas ocidentais e do Haiti. Como na época a Igreja Católica demorou em estabelecer um clero que pudesse levar a religião cristã ao Haiti, essa ausência prolongada deu aos escravos a oportunidade de mesclarem sua religião com o Catolicismo por meio do Sincretismo.

Nessa mistura fica difícil estabelecer uma linha divisória de onde termina o Catolicismo e onde começa o voduísmo. O resultado é surpreendente! Dos haitianos 95% se declaram católicos, e 100% são adeptos do vodu!

No Brasil, vemos também muitos que se declaram católicos, são também praticantes ou simpatizantes do Espiritismo. Mais um sintoma do Sincretismo.

A Bíblia nos ensina de forma clara, desde o Velho Testamento, que Deus ordena que seu povo não preste culto a outros deuses, a fim de evitar exatamente a contaminação de Sua Palavra.

Os cultos vodus veneram um deus principal, o Bon Dieu; os ancestrais ou, mais geralmente, os mortos; os gêmeos e os espíritos chamados *loa*. Os loa, que podem variar de um culto a outro de acordo com o país, são deuses tribais africanos que se identificam com santos do Cristianismo. O deus serpente, por exemplo, é ligado a são Patrício. Outros elementos católicos no vodu incluem o uso de velas, sinos, cruzes e orações, assim como a prática do batismo e o sinal da cruz. Entre os elementos africanos estão a dança, os tambores e a veneração de ancestrais.

Os rituais do vodu são dirigidos cuidadosamente por um sacerdote ou santo, chamado *houngan,* ou uma sacerdotisa, chamada *mambo.*

Notamos também, com clareza, o forte sincretismo no Brasil, misturando o Catolicismo português, as práticas indígenas e os ritos africanos.

O vodu é um sistema de crenças lastreado pelo medo. Seus ritos possuem forte carga dramática. Envolvem assassinatos, canibalismo, rituais secretos, realizados por sociedades ocultas que de intitulam "Seitas Vermelhas".

Um pesquisador e antropólogo do Museu Botânico da Universidade de Havard, Estados Unidos, Wade Davis, autor do livro "A Serpente e o Arco-íris", esteve no Haiti a fim de obter mais informações sobre o tema. Esse trabalho investigativo acabou por revelar que há uma fórmula usada na preparação da poção, capaz de colocar a quem a ingere em estado compatível com o de um morto. Em catalepsia profunda.

Portanto, o que é um Zumbi?

Zumbi ou **Zumbie**, no vodu haitiano, corpo sem alma a que se devolve a vida para ser empregado em trabalhos físicos.

Nas tradições vodu, um zumbi é:

Um ser humano a quem um bokor (sacerdote ou sacerdotisa) roubou o ti bon ange (alma menor). Esse roubo é feito mediante técnicas de magia negra quando a pessoa está morrendo, e imediatamente depois de morrer. O ti bon ange é conservado em uma garrafa ou cabaça, pelo feiticeiro, que a partir desse momento tem controle absoluto do corpo da pessoa morta. Esta carece de pensamento e controle autônomos, de modo que pode ser manejada como um escravo total e absoluto por parte do feiticeiro, que o entrega ao contratante do "serviço".

Com o passar do tempo, o zumbi vai deteriorando-se, como se apodrecesse, e finalmente seu corpo acaba por morrer também. Uma vez que também envelhece.

O zumbi se converte assim em escravo do houngan, servindo-o em um estado de transe cataléptico como "morto vivo".

Na verdade, todo o processo ritual leva dias de preparo, envolvendo vários cânticos, rezas, etc. O que realmente possui efeito real é uma substância, encontrada pelo pesquisador americano: a tetradotoxina, veneno neurotóxico que se encontra no baiacu e em algumas rãs venenosas. A poção, depois de pronta, vira um pó de coloração amarelada, que entra na corrente sanguínea através dos poros da pele.

Em menos de três horas os efeitos chegam no platô. Há sangramentos pelo nariz, fortes dores abdominais, tontura, vertigem, amortecimento dos lábios e perda gradual dos movimentos do corpo, inclusive das pálpebras. Entra-se em estado catatônico profundo. A aparência é de morte. Somente um eletrocardiograma poderá verificar presença de vida.

Porém, a vítima pode ouvir tudo! Sente tudo! Mas não pode expressar esses sentimentos. É enterrada viva! Depois de 12 horas o feiticeiro profana o túmulo e retira o "morto" e dá outra poção à vítima para tirá-la de sua catatonia, embora a pessoa jamais volte a ser a mesma. Ficará reduzida ao nível mental de uma pessoa lobotomizada, ou seja, uma pessoa a quem se extirpou parte do cérebro.

Esse último aspecto é devido à privação de oxigênio que sofre o cérebro, consequência do ambiente fechado do ataúde em que foi colocada a vítima. Com isso, aos olhos do observador não é mais a pessoa que está ali, apenas seu corpo, pois a "alma" dela fora aprisionada na garrafa e ficará sob custódia do feiticeiro.

Evidente que a essência de uma pessoa é seu cérebro. Se ela não lembra mais quem é, não tem recordações de sua história, de seu passado...

Não é mais ela que está ali, apenas seu corpo, com seu cérebro agora debilitado, não apenas pelos danos que a substância causou aos neurônios, mas também pela privação de oxigênio que lesiona ainda mais o cérebro. Está formado o zumbi.

Fica aqui registro de mais um alerta: ao ir às nações pregar as boas-novas, não esqueça de levar na bagagem a capa da humildade, um coração cheio de amor de Deus e a certeza de que o Senhor é teu Pastor e nada te faltará! O único lugar seguro é o centro da vontade de Deus, no esconderijo do Altíssimo, à sombra do Onipotente!

EXPLORANDO AS CULTURAS PELO MUNDO!

Explorando As Culturas Pelo Mundo!

Vamos conhecer um pouco mais das religiões praticadas em diversos países. A religião e o Estado, em alguns países, se confundem (Estado-Igreja), leis *versus* pecado ou crime. O pecado cometido pode ser pago com a própria morte. Vemos isso mais claramente no Código de Hammurabi, segundo o qual uma pessoa que matasse outra pagaria com a própria morte; se roubasse, sua mão seria cortada; se alguém fosse atingido em uma construção por acidente, o pedreiro teria de matar seu próprio filho como forma de punição. Para nós, isso pode parecer algo bárbaro, mas para alguns povos, ainda em pleno século XXI, isso é lei.

No Brasil a religião e o Estado não têm mais nenhum tipo de ligação, ou seja, temos um Estado laico, em que nenhum tipo de religião terá influência na legislação. O que faz também do Brasil um país onde se admite qualquer manifestação religiosa e, caso seja manifestada alguma proibição por alguém, será punido por meio da nossa Constituição Federal.

– Importante lembrar: *colocaremos o ponto de vista de algumas religiões, destacando-se as mais expressivas da atualidade. Conhecer a forma como esses povos pensam nos dará base para aplicar as estratégias adequadas de evangelização, sem contudo ofender suas práticas e sua cultura. O Reino de Deus é conquistado pelo amor!*

– São elas: *Budismo, Islamismo, Hinduísmo, Catolicismo e Espiritismo.*

Budismo

Tem aproximadamente 375.440.000 fiéis. É uma religião e uma filosofia que se espelha na vida de Buda. Este não deixou nada escrito, porém seus discípulos escreveram acerca de suas realizações e ensinamentos para que seus posteriores fiéis pudessem conhecê-lo.

O Budismo é uma filosofia de vida baseada integralmente nos profundos ensinamentos do Buda para todos os seres "que revela a verdadeira face da vida e do universo".

Quando pregava, o Buda não pretendia converter as pessoas, mas iluminá-las. É uma religião que prega a sabedoria, em que conhecimento e inteligência predominam.

O Budismo é uma religião devotada a condicionar a mente inserida em seu cotidiano, de maneira a levar à paz, serenidade, alegria, sabedoria e liberdade perfeitas. É frequentemente chamado de "Budismo Humanista".

O Buda

O Budismo foi fundado na Índia, no séc. VI a.C., pelo Buda Shakyamuni. O Buda Shakyamuni nasceu ao norte da Índia (atual Nepal) como um rico príncipe chamado Siddhartha Gautama.

Aos 29 anos de idade, ele teve quatro visões que transformaram sua vida. As três primeiras visões – o sofrimento devido ao envelhecimento, doenças e morte – mostraram-lhe a natureza inexorável da vida e as aflições universais da humanidade. A quarta visão – um eremita com um semblante sereno – revelou-lhe o meio de alcançar paz. Compreendendo a insignificância dos prazeres sensuais, ele deixou sua família e toda a sua fortuna em busca de verdade e paz eterna. Sua busca pela paz era mais por compaixão pelo sofrimento alheio do que pelo seu próprio, já que não havia tido tal experiência. Ele não abandonou sua vida mundana na velhice, mas no alvorecer de sua maturidade; não na pobreza, mas em plena fartura.

Depois de seis anos de ascetismo, ele compreendeu que se deveria praticar o "Caminho do Meio", evitando o extremo da automortificação, que só enfraquece o intelecto, e o extremo da autoindulgência, que retarda o progresso moral. Aos 35 anos de idade (aproximadamente 525 a.C.), sentado sob uma árvore Bodhi, em uma noite de lua cheia, ele, de repente, compreendeu a verdade suprema do universo e alcançando profunda visão dos caminhos da vida humana. Os budistas chamam essa compreensão de "iluminação". A partir de então, ele passou a ser chamado de Buda Shakyamuni (*Shakyamuni* significa "Sábio do clã dos Shakya"). A palavra Buda pode ser traduzida como: "aquele que é plenamente desperto e iluminado".

A fundação do budismo

O Buda não era um deus. Ele foi um ser humano que alcançou a iluminação por meio de sua própria prática. De maneira a compartilhar os benefícios de seu despertar, o Buda viajou por toda a Índia com seus discípulos, ensinando e divulgando seus princípios às pessoas, por mais de 45 anos, até sua morte, aos 80 anos de idade. De fato, ele era a própria encarnação de todas as virtudes que pregava, traduzindo em ações suas palavras.

O Buda formou uma das primeiras ordens monásticas do mundo, conhecida como Sangha. Seus seguidores tinham as mais variadas características, e ele os ensinava de acordo com suas habilidades para o crescimento espiritual. Ele não exigia crença cega; ao contrário, adotava o "venha e experimente você mesmo", atitude que ganhou os corações de milhares. Sua era a senda da autoconfiança, que requeria esforço pessoal inabalável.

Após a morte de Shakyamuni, foi realizado o Primeiro Concílio Budista, que reuniu 500 membros, a fim de coletar e organizar os ensinamentos do Buda, os quais são chamados de Dharma. Este se tornou o único guia e fonte de inspiração da Sangha. Seus discursos são chamados de Sutras. Foi no Segundo Concílio Budista em Vaishali, realizado algumas centenas de anos após a morte do Buda, que as duas grandes tradições, hoje conhecidas como Theravada e Mahayana, começaram a se formar. Os Theravadins seguem o Cânone Páli, enquanto os Mahayanistas seguem os sutras que foram escritos em sânscrito.

Budismo chinês

Os ensinamentos do Buda foram transmitidos pela primeira vez, fora da Índia, no Sri Lanka, durante o reinado do Rei Ashoka (272 – 232 a.C.). Na China, a história registra que dois missionários budistas da Índia chegaram à corte do Imperador Ming no ano 68 d.C. e lá permaneceram para traduzir textos budistas. Durante a Dinastia Tang (602 – 664 d.C.), um monge chinês, Hsuan Tsang, cruzou o Deserto Ghobi até a Índia, onde reuniu e pesquisou sutras budistas. Ele retornou à China dezessete anos depois com grandes volumes de textos budistas e a partir de então passou muitos anos traduzindo-os para o chinês.

Finalmente, a fé budista se espalhou por toda a Ásia. Ironicamente, o Budismo praticamente se extinguiu na Índia em, aproximadamente, 1300 d.C. Os chineses introduziram o budismo no Japão. A tolerância, o pacifismo e a equanimidade promovidos pelo Budismo influenciaram significativamente a cultura asiática. Mais recentemente, muitos países ocidentais têm demonstrado considerável interesse pelas religiões orientais e centenas de milhares de pessoas vêm adotando os princípios do Budismo.

Ensinamentos do Buda

O Buda foi um grande professor. Ele ensinou que todos os seres vivos possuem Natureza Búdica idêntica e são capazes de atingir a iluminação por meio da prática. Se todos os seres vivos têm o potencial de tornar-se iluminados, são todos, portanto, possíveis futuros Budas. Apesar de haver diferentes práticas entre as várias escolas budistas, todas elas abraçam a essência dos ideais do Buda.

Karma e a Lei de Causa e Efeito

Uma pessoa é uma combinação de matéria e mente. O corpo pode ser encarado como uma combinação de quatro componentes: terra, água, calor e ar; a mente é a combinação de sensação, percepção, ideia e consciência. O corpo físico – na verdade, toda a matéria na natureza – está sujeito ao ciclo de formação, duração, deterioração e cessação.

O Buda ensinou que a interpretação da vida por meio de nossos seis sensores (olhos, ouvidos, nariz, língua, corpo e mente) não é mais do que ilusão. Quando duas pessoas experimentam um mesmo acontecimento, a interpretação de uma pode levar à tristeza, enquanto a da outra pode levar à felicidade. É o apego às sensações, derivadas desses seis sentidos, que resulta em desejo e ligação passional, vida após vida.

O Buda ensinou que todos os seres conscientes estão em um ciclo contínuo de vida, morte e renascimento, por um número ilimitado de vidas, até que finalmente alcancem a iluminação. Os budistas acreditam que os nascimentos das pessoas estão associados à consciência proveniente das memórias e do karma de suas vidas passadas. "Karma" é uma palavra em sânscrito que significa "ação, trabalho ou feito". Qualquer ação física, verbal ou mental, realizada com intenção, pode ser chamada de karma. Assim, boas atitudes podem produzir karma positivo, enquanto más atitudes podem resultar em karma negativo. A consciência do karma criado em vidas passadas nem sempre é possível; a alegria ou o sofrimento, o belo ou o feio, a sabedoria ou a ignorância, a riqueza ou a pobreza experimentados nesta vida são, no entanto, determinados pelo karma passado.

Neste ciclo contínuo de vida, seres renascem em várias formas de existência. Há seis tipos de existência: Devas (deuses), Asuras (semideuses), Humanos, Animais, Pretas (espíritos famintos) e Seres do Inferno. Cada um dos reinos está sujeito às dores do nascimento, da doença, do envelhecimento e da morte. O renascimento em formas superiores ou inferiores é determinado pelos bons ou maus atos, ou karma, que foi produzido durante vidas anteriores. Essa é a lei de causa e efeito. Entender essa lei nos ajuda a cessar com todas as nossas ações negativas.

Nirvana

Por meio da prática diligente, da compaixão e da bondade amorosa a todos os seres vivos, do condicionamento da mente para evitar apegos e eliminar karma negativo, os budistas acreditam que finalmente alcançarão a iluminação. Quando isso ocorre, eles são capazes de sair do ciclo de morte e renascimento e ascender ao estado de nirvana. O nirvana não é um local físico, mas um estado de consciência suprema de perfeita felicidade e liberação. É o fim de todo retorno à reencarnação e seu compromisso com o sofrimento.

O conceito de sofrimento

O Buda Shakyamuni ensinou que uma grande parcela do sofrimento em nossas vidas é autoinfligido, oriundo de nossos pensamentos e comportamento, os quais são influenciados pelas habilidades de nossos seis sentidos. Nossos desejos – por dinheiro, poder, fama e bens materiais – e nossas emoções – tais como raiva, rancor e ciúme – são fontes de sofrimento causado por apego a essas sensações. Nossa sociedade tem enfatizado consideravelmente beleza física, riqueza material e status. Nossa obsessão com as aparências e com o que as outras pessoas pensam a nosso respeito são também fontes de sofrimento.

Portanto, o sofrimento está primariamente associado com as ações de nossa mente. É a ignorância que nos faz tender à avidez, à vontade doente e à ilusão. Como consequência, praticamos maus atos, causando diferentes combinações de sofrimento. O Budismo nos faz vislumbrar maneiras efetivas e possíveis de eliminar todo o nosso sofrimento e, mais importante, de alcançar a libertação do Ego do ciclo de nascimento, doença e morte.

As quatro nobres verdades e o nobre caminho óctuplo

As Quatro Nobres Verdades foram compreendidas pelo Buda em sua iluminação. Para erradicar a ignorância, que é a fonte de todo o sofrimento, é necessário entender as Quatro Nobres Verdades, caminhar pelo Nobre Caminho Óctuplo e praticar as Seis Perfeições (Paramitas).

As Quatro Nobres Verdades são:

1. A Verdade do Sofrimento.
A vida está sujeita a todos os tipos de sofrimento, sendo os mais básicos nascimento, envelhecimento, doença e morte. Ninguém está isento deles.

2. A Verdade da Causa do Sofrimento.
A ignorância leva ao desejo e à ganância, que, inevitavelmente, resultam em sofrimento. A ganância produz re-

nascimento, acompanhado de apego passional durante a vida, e é a ganância por prazer, fama ou posses materiais que causam grande insatisfação com a vida.

3. A Verdade da Cessação do Sofrimento.
A cessação do sofrimento advém da eliminação total da ignorância e do desapego à ganância e aos desejos, alcançando um estado de suprema bem-aventurança ou nirvana, onde todos os sofrimentos são extintos.

4. O Caminho que leva à Cessação do Sofrimento.
O caminho que leva à cessação do sofrimento é o Nobre Caminho Óctuplo.

O Nobre Caminho Óctuplo consiste de:

1. Compreensão Correta. Conhecer as Quatro Nobres Verdades de maneira a entender as coisas como elas realmente são.

2. Pensamento Correto. Desenvolver as nobres qualidades da bondade amorosa e da aversão a prejudicar os outros.

3. Palavra Correta. Abster-se de mentir, falar em vão, usar palavras ásperas ou caluniosas.

4. Ação Correta. Abster-se de matar, roubar e ter conduta sexual indevida.

5. Meio de Vida Correto. Evitar qualquer ocupação que prejudique os demais, tais como tráfico de drogas ou matança de animais.

6. Esforço Correto. Praticar autodisciplina para obter o controle da mente, de maneira a evitar estados de mente maléficos e desenvolver estados de mente sãos.

7. Plena Atenção Correta. Desenvolver completa consciência de todas as ações do corpo, fala e mente para evitar atos insanos.

8. Concentração Correta. Obter serenidade mental e sabedoria para compreender o significado integral das Quatro Nobres Verdades.

Aqueles que aceitam este Nobre Caminho como um estilo de vida viverá em perfeita paz, livres de desejos egoístas, rancor e crueldade. Estarão plenos do espírito de abnegação e bondade amorosa.

As seis perfeições:

As Quatro Nobres Verdades são o fundamento do Budismo e entender o seu significado é essencial para o autodesenvolvimento e alcance das Seis Perfeições, que nos farão atravessar o mar da imortalidade até o nirvana.

As Seis Perfeições consistem de:

1. Caridade. Inclui todas as formas de doar e compartilhar o Dharma.

2. Moralidade. Elimina todas as paixões maléficas através da prática dos preceitos de não matar, não roubar, não ter conduta sexual inadequada, não mentir, não usar tóxicos, não usar palavras ásperas ou caluniosas, não cobiçar, não praticar o ódio nem ter visões incorretas.

3. Paciência. Pratica a abstenção para prevenir o surgimento de raiva por causa de atos cometidos por pessoas ignorantes.

4. Perseverança. Desenvolve esforço vigoroso e persistente na prática do Dharma.

5. Meditação. Reduz a confusão da mente e leva à paz e à felicidade.

6. Sabedoria. Desenvolve o poder de discernir realidade e verdade.

A prática dessas virtudes ajuda a eliminar ganância, raiva, imoralidade, confusão mental, estupidez e visões incorretas. As Seis Perfeições e o Nobre Caminho Óctuplo nos ensinam a alcançar o estado no qual todas as ilusões são destruídas, para que a paz e a felicidade possam ser definitivamente conquistadas.

Tornar-se um Buda

Ao desejar tornar-se budista, deve-se receber refúgio na Joia Tríplice, como um comprometimento com a prática dos ensinamentos do Buda. A Joia Tríplice consiste no Buda, no Dharma e na Sangha.

Budistas laicos podem também fazer voto de praticar cinco preceitos em suas vidas diárias. Os Cinco Preceitos são: não matar, não roubar, não ter conduta sexual inadequada, não mentir e não se intoxicar. O preceito de não matar se aplica principalmente a seres humanos, mas deve ser estendido a todos os seres sencientes. É por isso que a Sangha e muitos budistas devotos são vegetarianos. No entanto, não é preciso ser vegetariano para tornar-se budista. O quinto preceito – não se intoxicar – inclui abuso de drogas e álcool. O entendimento deste preceito é uma precaução, por não ser possível manter a plena atenção da consciência e comportamento apropriado quando se está drogado ou bêbado.

Os budistas são incentivados a manter esses preceitos e a praticar bondade amorosa e compaixão para com todos os seres. Os preceitos disciplinam o comportamento e ajudam a diferenciar entre certo e errado. Por meio do ato de disciplinar pensamento, ação e comportamento, pode-se evitar os estados de mente que destroem a paz interior. Quando um budista incidentalmente quebra um dos preceitos, ele não busca o perdão do pecado por parte de uma autoridade superior, como Deus ou um padre. Em vez disso, se arrepende e analisa o porquê de ter quebrado o preceito. Confiando em sua sabedoria e determinação, modifica seu comportamento para prevenir a recorrência do mesmo erro. Ao fazer isso, o budista confia no esforço individual de autoanálise e autoperfeição. Isso ajuda a restaurar paz e pureza de mente.

Muitos budistas montam um altar em um canto tranquilo de suas casas para a recitação de mantras e a meditação diária. (Um mantra é uma sequência de palavras que manifestam certas forças cósmicas, aspectos ou nomes dos budas. A repetição contínua de mantras é uma forma de meditação.) O uso de imagens budistas em locais de culto não deve ser visto como idolatria, mas como simbologia. Enfatiza-se o fato de que essas imagens em templos ou altares domésticos servem apenas para nos lembrar a todo momento das respectivas qualidades daquele que representam, o Iluminado, que nos ensinou o caminho da liberação. Fazer reverências e oferendas são manifestações de respeito e veneração aos Budas e Bodhisattvas.

MEDITAÇÃO

A meditação é comumente praticada pelos budistas para obter felicidade interior e cultivar sabedoria, de forma a alcançar a purificação da mente e a libertação. É uma atividade de consciência mental.

A felicidade que obtemos do ambiente físico que nos envolve não nos satisfaz verdadeiramente nem nos liberta de nossos problemas. Dependência de coisas temporais e apego à felicidade do tipo fim do "arco-íris" produz somente ilusão, seguida de pesar e desapontamento. Segundo o Budismo, existe felicidade verdadeira e duradoura e todos temos o potencial de experimentá-la. A verdadeira felicidade jaz nas profundezas de nossa mente, e os meios para acessá-la podem ser praticados por qualquer um. Se compararmos a mente ao oceano, pensamentos e sentimentos tais como alegria, irritação, fantasia e tédio poderiam ser comparados a ondas que se levantam e voltam a cair por sobre sua superfície. Assim como as ondas se amansam para revelar a quietude nas profundidades do oceano, também é possível acalmar a turbulência de nossas mentes e revelar pureza e claridade naturais. A meditação é um meio de alcançar isso.

Nossas ilusões, incluindo ciúmes, raiva, desejo e orgulho, originam-se da má compreensão da realidade e do apego habitual à nossa maneira de ver as coisas. Por meio da meditação, podemos reconhecer nossos erros e ajustar nossa mente para pensar e reagir de maneira mais realista e honesta. Essa transformação mental acontece gradualmente e nos liberta das falácias instintivas e habituais, nos permitindo adquirir familiaridade com a verdade. Podemos então, finalmente, nos libertar de problemas como insatisfação, raiva e ansiedade. Finalmente, compreendendo a maneira como as coisas de fato funcionam, nos é possível eliminar completamente a própria fonte de todos os estados mentais incômodos.

Assim, meditação não significa simplesmente sentar-se em uma determinada postura ou respirar de uma determinada maneira; esses são apenas recursos para a concentração e o alcance de um estado de mente estável. Apesar de diferentes técnicas de meditação serem praticadas em diferentes culturas, todas elas partilham o princípio comum de cultivar a mente, de forma a não permitir que uma mente destreinada controle nosso comportamento.

Características do Budismo

Bodhisattva – Um ser iluminado que fez o voto de servir generosamente a todos os seres vivos com bondade amorosa e compaixão para aliviar sua dor e sofrimento e levá-los ao caminho da iluminação. Existem muitos Bodhisattvas, mas os mais populares no Budismo Chinês são os

Bodhisattvas Avalokiteshvara, Kshitigarbha, Samantabhadra e Manjushri.

Bodhisattva Avalokiteshvara (Kuan Yin Pu Sa) – "Aquele que olha pelas lágrimas do mundo." Esse Bodhisattva oferece sua grande compaixão para a salvação dos seres. Os muitos olhos e mãos representados em suas várias imagens simbolizam as diferentes maneiras pelas quais todos os seres são ajudados, de acordo com suas necessidades individuais. Originalmente representado por uma figura masculina, Avalokiteshvara é, hoje em dia, geralmente caracterizado, na China, como uma mulher.

Bodhisattva Kshitigarbha (Guardião do Mundo) – Sempre usando um cajado com seis anéis, ele possui poderes sobre o inferno. Ele fez o grande voto de salvar os seres que ali sofrem.

Curvar-se em reverência – Esse ato significa humildade e respeito. Os budistas se curvam em respeito ao Buda e aos Bodhisattvas e, também, para recordar-se das qualidades virtuosas que cada um deles representa.

Buda – Esse é muito mais do que um simples nome. A raiz *Budh* significa "estar ciente ou completamente consciente de". Um Buda é um ser totalmente iluminado.

Buda Shakyamuni (o fundador do Budismo) – Nasceu na Índia. Em busca da verdade, deixou sua casa e, disciplinando-se severamente, tornou-se um asceta. Finalmente, aos 35 anos, debaixo de uma árvore Bodhi, compreendeu que a maneira de libertar-se da cadeia de renascimento e morte era por meio de sabedoria e compaixão – o "caminho do meio". Fundou sua comunidade, a qual se tornou conhecida como Budismo.

Buda Amitabha (Buda da Luz e Vida Infinitas) – É associado com a Terra Pura do Ocidente, onde recebe seres cultivados que chamam por seu nome.

Bhaishajya Guru (O Buda da Medicina) – Cura todos os males, inclusive o mal da ignorância.

Buda Maitreya (O Buda Feliz) – É o Buda do Futuro. Depois de Shakyamuni ter se iluminado, ele é aguardado como sendo o próximo Buda.

Instrumentos do Dharma – Esses instrumentos são encontrados nos templos budistas e são utilizados por monges durante as cerimônias. O "peixe" de madeira é normalmente colocado à esquerda do altar, o gongo, à direita, e o tambor e o sino também à direita, porém um pouco mais distantes.

Incenso – É oferecido com respeito. O incenso aromático purifica não só a atmosfera, mas também a mente. Assim como sua fragrância alcança longas distâncias, bons atos também se espalham em benefício de todos.

Flor de Lótus – Pelo fato de brotar e se desenvolver em águas lamacentas e turvas e, ainda assim, manifestar delicadeza e fragrância, a Flor de Lótus é o símbolo da pureza. Também significa tranquilidade e uma vida distinta e sagrada.

Mudra – Os gestos das mãos que geralmente se veem nas representações do Buda são chamados de "mudras", os quais propiciam comunicação não verbal. Cada mudra tem um significado específico. Por exemplo, as imagens do Buda Amitabha, normalmente, apresentam a mão direita erguida com o dedo indicador tocando o polegar e os outros três dedos estendidos para cima para simbolizar a busca da iluminação, enquanto a mão esquerda mostra um gesto similar, só que apontando para o chão, simbolizando a libertação de todos os seres sencientes. Nas imagens em que ele aparece sentado, ambas as mãos estão posicionadas à frente, abaixo da cintura, com as palmas voltadas para cima, uma contendo a outra, o que simboliza o estado de meditação. No entanto, se os dedos da mão direita estiverem apontando para baixo, isso simboliza o triunfo do Dharma sobre seres desencaminhados que relutam em aceitar o autêntico crescimento espiritual.

Oferendas – Oferendas são colocadas no altar budista pelos devotos. Fazer uma oferenda permite que reflitamos sobre a vida, confirmando as leis de reciprocidade e interdependência. Objetos concretos podem ser ofertados em abundância, no entanto, a mais perfeita oferenda é um coração honesto e sincero.

Suástica – Foi um símbolo auspicioso na Índia antiga, Pérsia e Grécia, simbolizando o sol, o relâmpago, o fogo e o fluxo da água. Esse símbolo foi usado pelos budistas por mais de dois mil anos para representar a virtude, a bondade e a pureza do *insight* de Buda em relação ao alcance da iluminação. (Neste século, Hitler escolheu esse símbolo para seu Terceiro Reich, mas inverteu sua direção, o denominou "Suástica" e o usou para simbolizar a superioridade da raça ariana.)

Fo Tzu (Pérolas de Buda) – Também conhecido como rosário budista. É um instrumento usado para controlar o número de vezes que se recita os nomes sagrados do Buda, dos Bodhisattvas ou para recitar mantras. Se usado com devoção no coração, ajuda-nos a limpar nossa mente ilusória, purifica nossos pensamentos e ainda resgata nossa original e imaculada Face Verdadeira. São constituídos de contas que podem ser de diferentes tipos: sementes de árvore Bodhi, âmbar, cristal, olho de tigre, ametista, coral, quartzo rosa, jade, entre outros.

Perda e pesar

Que a vida não é livre de sofrimento é um fato. Sofremos com o envelhecimento, com as doenças e com a morte. O sofrimento tem de ser tolerado pelos vivos e pelos mortos. O propósito supremo do ensinamento do Buda é fazer-nos compreender a causa do sofrimento e encontrar um meio correto de superá-lo.

O Buda nos disse em seus ensinamentos que toda matéria, vivente ou não vivente, estava constantemente sujeita a mudanças cíclicas. As coisas não viventes passam por mudanças de formação, duração, deterioração e desaparecimento, enquanto as coisas viventes passam por nascimento, doença, envelhecimento e morte. Mudar a todo momento mostra a natureza impermanente de nosso próprio corpo, mente e vida. Essa impermanência que temos de enfrentar é inevitável.

O Buda enfatizou que a principal razão do sofrimento é nosso imenso apego a nosso corpo, que é sempre identificado como "eu". Todo sofrimento brota desse apego ao "eu". Para sermos mais exatos, é a "consciência" que se abriga temporariamente no corpo existente, o qual funciona somente como uma casa. Por isso, a concepção comum de que o "eu" é o corpo físico está equivocada. Em vez disso, seu corpo atual é somente uma propriedade neste tempo de vida. Quando nossa casa fica muito velha, todos nós adoramos a ideia de mudar para uma nova casa. Quando nossa roupa está muito usada, ansiamos por comprar roupas novas. Na hora da morte, quando a "consciência" abandona o corpo, isso é simplesmente encarado como a troca de uma casa velha por uma nova.

A morte é meramente a separação de corpo e "consciência". A "consciência" continua, sem nascimento ou morte, e busca "abrigo" em um novo corpo. Se entendermos isso, não há razão para lamentações. Ao contrário, deveríamos ajudar os que estão à beira da morte a ter um nascimento positivo, ou, simbolicamente, mudar de casa.

No contexto acima, um relacionamento de família ou de amizade existe em "consciência" mais do que em um corpo físico. Não fiquemos tristes por um filho que estuda do outro lado do mundo, por sabermos que ele está distante. Se tivermos a compreensão correta da verdade da vida e do universo, se encararmos a morte como o começo de uma nova vida, e não como um ponto-final, sem esperança, poderemos perceber que nossos sentimentos de perda e pesar não passam de ilusões pelas quais somos enganados. Lamentar a morte é o resultado da ignorância da verdade da vida e o apego a um corpo físico impermanente.

Oito consciências

No Budismo, aquilo que normalmente chamamos de "alma" é, na verdade, uma integração das oito consciências. As consciências dos cinco sentidos – visão, audição, olfato, paladar e tato – mais a sexta, que é o sentido mental, que formula as ideias a partir das mensagens recebidas pelos cinco sentidos. A sétima é o centro do pensamento (*manas*) que pensa, deseja e raciocina. A oitava é a consciência ou, como também é chamada, o "armazém" (*alaya*).

Os primeiros seis sentidos não possuem inteligência fora de sua área de atuação; em vez disso, eles são reportados a manas sem interpretações. Manas é como um general em seu quartel, juntando todas as informações enviadas, transferindo-as, arranjando-as e devolvendo ordens aos seis sentidos. Ao mesmo tempo, manas está conectado com alaya.

Alaya, o armazém, é o depósito onde as ações do karma são armazenadas desde o início dos tempos. Ações ou pensamentos praticados por uma pessoa são um tipo de energia espiritual, acrescentada a alaya por manas.

As ações armazenadas em alaya ali permanecem até que encontrem uma oportunidade favorável para manifestar-se. No entanto, alaya não pode agir por si mesmo, já que não possui nenhuma energia ativa. O agente discriminador, ou a vontade, é manas, o centro do pensamento, o qual pode agir sobre alaya para que ele desperte de seu estado dormente e seja responsável pelo nascimento de objetos individuais, sejam eles bons, maus ou neutros. Uma pessoa pode ter acumulado incontável karma, positivo ou negativo, em vidas passadas. No entanto, se ela não permitir que ele se manifeste, é como se ele não existisse. É como plantar sementes no solo. Se não houver condições adequadas para seu desenvolvimento, as sementes não brotarão. Assim, se plantarmos boas ações nesta vida, as ações de nosso karma negativo anterior não terão chance de se desenvolver nas atividades discriminadoras. Manas está sempre trabalhando em conjunção com a mente e os cinco sentidos; ele é responsável pelas consequências dos desejos, paixões, ignorância, crenças, etc. É absolutamente essencial manter manas funcionando corretamente, de modo que ele interrompa a criação de karma negativo e, em vez disso, deposite boas-ações em alaya. Isso é possível, já que manas não tem vontade cega, mas é inteligente e capaz de iluminação. Manas é o eixo ao redor do qual toda a disciplina budista se movimenta.

A morte é o processo de ter essas oito partes da consciência deixando o corpo em sequência, sendo alaya o último. Isso leva cerca de oito horas para acontecer. Assim, o processo da morte não acaba quando a respiração cessa ou quando o coração para de bater, pois a consciência do ser que morre ainda vive. Quando a consciência deixa o corpo, essa sim é a hora real da morte.

Os seis reinos

Apesar de a qualidade do renascimento ser determinada pelo acúmulo total de karma, o estado de mente da pessoa que está morrendo, no momento da morte, está também relacionado com seu próximo rumo na transmigração para um dos seis reinos da vida. Os seis reinos da vida incluem seres celestiais, semideuses, seres humanos e três reinos malignos: animais, espíritos famintos e seres infernais. Atitudes incômodas e impróprias por parte das pessoas ao seu redor, como lamentações ou movimentação do corpo, tendem a aumentar a dor e a agonia daquele que está morrendo, causando raiva e apego que, quase sempre, sugam a "consciência" emergente para os reinos malignos. Para ajudar a pessoa que está morrendo, não se deve incomodá-la antes da morte até, pelo menos, oito horas depois da parada da respiração; ao contrário, deve-se ajudá-la a manter a calma e uma mente pacífica, ou oferecer suporte com práticas espirituais tais como recitação de mantras.

Aneral

A prática funeral budista é normalmente conduzida com solenidade. Não se estimula o luto. Um altar simples, com uma imagem do Buda, é montado. Há queima de incenso e oferenda de frutas e flores. Se a família assim o desejar, pode haver monges budistas ministrando bênçãos e recitando sutras e os vários nomes do Buda, juntamente com pessoas laicas. Esses procedimentos podem ser seguidos de um elogio à memória do morto. Certos rituais de luto, como vestir roupas brancas, caminhar com um cajado, lamuriar-se para expressar o grande efeito do seu pesar, queimar dinheiro, casas ou roupas feitas de papel para o morto, são, às vezes, considerados práticas budistas. Na verdade, esses são costumes tradicionais chineses.

A cremação é prática usual no Budismo – 2.500 anos atrás, o Buda disse a seus discípulos que cremassem seu corpo após a sua morte. No entanto, alguns budistas preferem velar seus mortos. A cremação pode ser escolhida, também, por questões de saúde ou de custo.

Depois dessa compacta exposição da doutrina budista, fica registro de que não se trata de algo tolo, sem fundamentos. Suas bases são alicerçadas de forma inteligente, têm atravessado séculos, remontando até mesmo ao Cristianismo.

Portanto, para falar de Jesus a um Budista é necessário conhecer suas argumentações. Buda aponta caminhos que supostamente conduzem à felicidade. Mas Jesus vai além: traz vida, vida eterna. Jesus fez milagres de cura, Jesus veio para cumprir a Lei. Jesus pode dar ao homem a verdadeira paz, que transcende o entendimento. Manifestar o amor de Cristo, com sua vida, seus gestos, suas palavras, irá atrair a atenção para que ouçam o que tem a dizer.

Certa vez um budista disse a mim: "Eu sinto muito mais prazer, alegria e paz ao ver a imagem de Buda, sorrindo, do que observar a imagem de Cristo sangrando na Cruz".

Aquela frase me desconcertou. Procurei me recompor. Pedi permissão para orar por ele, apenas. Não havia ali, naquele momento, ensejo para falar mais nada. Naquele momento o coração daquele homem estava fechado.

"Muito pode o justo em suas súplicas."

Orei. Pedi que o Pai se revelasse a ele. Que ele pudesse entender que faz parte da criação maravilhosa de Deus, e que só Jesus o conduz a esse caminho, que leva aos braços do Pai, ao Criador de todas as coisas. Passaram-se alguns meses. A filha daquele homem, uma garotinha de apenas três anos, havia se perdido dos pais em um shopping em São Paulo. Passaram-se três horas desde então, e ele já estava aos prantos. Ligou para mim, apavorado, já temendo o pior. Já tinha vasculhado todas as lojas, falado com todos os seguranças, e estava naquele momento indo à delegacia de polícia registrar queixa. Ele se lembrou de algo que eu dissera a ele: "Deus tudo pode".

"Daniel, se Jesus existe, se esse Deus de que você me falou é real, te imploro, ore pela minha filha, peça que a encontrem, e que ela fique bem. É tudo de mais importante que eu tenho."

Comecei eu também a chorar... E a clamar. Isabela estava comigo. Oramos juntos. Quando estava concluindo a oração, ouvimos um bipe no celular. Era outra ligação, em espera, para ele. Pediu que eu aguardasse para atender. Esperamos.

Logo voltou na linha, sua voz estava aliviada e feliz! Tinham encontrado a filha dele no shopping, estava escondida na cabine de uma loja de roupas, brincando...

Naquele momento ele creu!

Muitos deuses fazem o possível, mas Deus do impossível só há um! Jesus Cristo!

Islamismo

A palavra árabe *Islã* significa "submissão". É derivada de uma palavra que significa "paz". Num contexto religioso, significa total submissão à vontade de Deus. Maometano, portanto, é uma denominação errada, porque sugere que os muçulmanos adoram a Mohammad em vez de Deus. *Allah* é a palavra árabe que significa Deus, usada pelos árabes tanto muçulmanos como cristãos.

Mohammad nasceu em Meca no ano 570, em um período em que o Cristianismo não se tinha estabelecido completamente na Europa.

Uma vez que seu pai faleceu antes de seu nascimento, e sua mãe logo depois, ele foi cuidado pelo tio, pertencente à respeitada tribo dos coraixitas.

À medida que ia crescendo, tornou-se conhecido pela sua retidão, generosidade e sinceridade, a tal ponto que era procurado pela sua capacidade de arbitrar nas disputas. Os historiadores descrevem-no como calmo e meditativo.

Mohammad possuía uma natureza profundamente religiosa e abominava a decadência de sua sociedade. Ele adquiriu o hábito de meditar na caverna de Hirá, perto do topo da Montanha da Luz (Jabal al-Nur), em Meca.

Aos quarenta anos de idade, enquanto estava empenhado em um retiro meditativo, Mohammad recebeu sua primeira revelação de Deus por intermédio do anjo Gabriel. Essa revelação, que prosseguiu por 23 anos, é conhecida como Alcorão.

Tão logo ele começou a recitar as palavras que ele ouviu de Gabriel e a pregar a verdade que Deus havia lhe revelado, ele e seu pequeno grupo de seguidores sofreram perseguições amargas, que se tornaram tão violentas no ano de 622 que Deus lhes ordenou que emigrassem. Esse evento, a Hégira (migração), no qual eles se mudaram de Meca para a cidade de Medina, cerca de 260 milhas ao norte, marca o início do calendário muçulmano.

Depois de muitos anos, o profeta e seus seguidores retornaram a Meca, onde perdoaram seus inimigos e estabeleceram o Islã definitivamente. Antes que o profeta morresse, aos 63 anos de idade, a maior parte da Arábia já era muçulmana e, um século após sua morte, o Islã tinha se difundido até a Espanha no ocidente e até a China no oriente.

O Alcorão é um registro das palavras exatas reveladas por Deus por intermédio do anjo Gabriel ao Profeta Mohammad.

Foi memorizado por ele, e então ditado aos seus companheiros, e registrado pelos seus escribas, que o conferiram durante sua vida. Nenhuma palavra de suas 114 suratas foi mudada ao longo dos séculos. Assim, o Alcorão é, em cada detalhe, o único e miraculoso texto que foi revelado a Mohammad catorze séculos atrás.

O Alcorão, a derradeira palavra de Deus revelada, é a principal fonte da fé e da prática de todo muçulmano. Ele trata de todos os assuntos relacionados conosco, enquanto seres humanos: sabedoria, doutrina, rituais e lei, mas seu tema básico é o relacionamento entre Deus e Suas criaturas. Ao mesmo tempo ele proporciona orientação para uma sociedade justa, uma conduta decente e um sistema econômico equitativo.

Possui aproximadamente 1.283.424.000 fiéis, e é a primeira religião mais praticada no mundo. Além disso, é também um sistema que monitora a política, a economia e a vida social.

As Mesquitas são verdadeiramente as casas de Deus na terra para congregar os homens a fim de cumprirem os preceitos divinos da oração. As orações em congresso nas Mesquitas só são obrigatórias para as orações de sexta-feira ao meio-dia.

O sagrado Alcorão, no capítulo de sexta-feira, versículos nove e dez, diz: "Ó crentes, quando fordes convocados para a oração de sexta-feira, recorrei à recordação de Deus e abandonai vossos afazeres; isso será preferível se quereis saber. Porém, uma vez observada a oração, dispersai-vos pela terra e procurai as dádivas de Deus e mencionai frequentemente a Ele para que prospereis".

O muçulmano não deve perder nenhuma ocasião de orar em congregação, cada vez que tal ocasião se apresentar. A oração em congregação é uma brilhante demonstração da unidade de objetivo e ação, da piedade e humildade coletiva perante Deus, e solidariedade efetiva entre muçulmanos.

A congregação islâmica nas Mesquitas é uma resposta positiva aos problemas mais urgentes da humanidade, causados pela discriminação racial, os conflitos sociais e os preconceitos.

No ofício islâmico, em congregação, não há reis e súditos, nem pobres e ricos, nem brancos e negros; não há primeira ou segunda classe, nem bancos dianteiros ou traseiros, nem assentos reservados ou públicos.

Todos os crentes ficam de pé e agem lado a lado, da maneira mais disciplinada e exemplar, longe de qualquer consideração mundana.

Não obstante, as orações prescritas ao muçulmano em número de cinco, se não há possibilidade de realizá-las nas Mesquitas, podem ser feitas em qualquer lugar onde o fiel estiver quando a oração está no seu horário preceituado.

As Mesquitas organizam a vida espiritual e moral do homem de maneira a fornecer-lhe plenamente o alimento espiritual necessário à piedade, probidade, segurança e paz.

É nas Mesquitas que o Sheik, o sacerdote, por meio de seus sermões – Khutba – prega a obediência a Deus, ou seja, *al-amr bi al-maruf*. A lei islâmica ordena ao homem que faça o bem e rechace o que é repreensível. É também obrigatório para os muçulmanos incutir o bom comportamento a seus familiares e companheiros.

Além das boas práticas que são mencionadas nos sermões do Sheik, há também a advertência para rejeição do repreensível, isto é, *al nahi an-al-munkar*.

É com razão que os muçulmanos não consideram o Islamismo apenas como um ideal abstrato destinado somente à oração imaterial. O Islã é um código de vida, uma força ativa que se manifesta em todos os campos da vida humana.

Os muçulmanos consideram que o homem é o centro de gravidade e a força matriz capaz de por o Islã ou qualquer outro sistema em pleno funcionamento, a todos os níveis.

Assim sendo, a vida espiritual islâmica assenta-se em sólidos alicerces e rege-se por instruções divinas. O sistema espiritual do Islã é único na sua estrutura, funcionamento e finalidade.

Cada ação individual ou coletiva deve inspirar-se e guiar-se pela lei de Deus. O Alcorão é a constituição que Deus escolheu para os seus verdadeiros servidores.

Assim sendo, orar coletivamente nas Mesquitas, qualquer que seja a oração prescrita, é mais meritório que as orações isoladas ou individuais.

No entanto, Deus – glorificado seja Seu Nome – preceituou-nos as orações coletivas de Sexta-feira até o Dia da Ressurreição. O estabelecimento e a obrigatoriedade da Oração de Sexta-feira nas Mesquitas foi anunciada pelo Profeta Mohammad – com ele a oração e a paz – nestes temos:

"Sabei que Deus vos prescreveu a oração da Sexta-feira neste lugar, neste dia, neste mês e a partir deste ano, até o Dia da Ressurreição. Aquele que deixar de observá-la durante a minha vida ou mesmo depois de mim, enquanto houver um Imam – sacerdote –, seja justo ou tirano, menosprezando-a ou negando seu caráter obrigatório, Deus não permitirá, jamais, reunir ao seu redor os seus e não abençoará qualquer das suas obras. Sabe também que não se lhe creditará nenhuma oração, nenhum Zakat – caridade –, nenhuma peregrinação e nem jejum. Sabei, enfim, que não se lhe creditará nenhuma boa ação ou obediência a Deus até que retorne, em arrependimento, a Deus. E aquele que retorna arrependido a Deus será aceito seu regresso." Tradição – Hadith – transmitida por Ibn-Maja.

Finalmente, a sexta-feira é um dos dias resplandecentes do Islamismo e é o melhor dia sobre o qual se levantou o sol. É o dia de festa dos muçulmanos.

A MULHER NO ISLAMISMO

No Islamismo, a mulher é considerada um "brinquedo". O profeta Maomé e o Justo Califa Umar Ibn Al Khattab (um dos sogros de Maomé) declararam; do verdadeiro tratamento que as mulheres recebem nos dias de hoje na maioria dos países islâmicos; e das diferentes doutrinas do Islamismo a respeito das mulheres (casamento no Islamismo, direitos da mulher, status da mulher em comparação com os homens, os deveres da mulher para com o seu marido, etc.).

Em seu livro Al-Musanaf (Vol. 1, parte 2, página 263), Abu Bakr Ahmed Ibn Abd Allah (um dos sábios muçulmanos) disse: "Umar (o Justo Califa) estava certa vez falando, quando sua esposa o interrompeu, e ele disse a ela:

'Você é um brinquedo, se precisar de você, eu a chamo'."
Amru Bin Al Aas (também um Califa) disse: "Mulheres são brinquedos; escolha uma" (Kans-el-Ummal, Vol. 21, Hadith Nº 919). O próprio Maomé disse: "A mulher é um brinquedo, quem quiser levá-la, deve cuidar dela", segundo Ahmed Zaki Tuffaha, na página 180 do livro Al-Mar ah wal-Islã (A Mulher e o Islamismo).

A Superioridade do Homem Sobre a Mulher

Sura 4.34 (um capítulo do Alcorão) declara: "Os homens têm autoridade sobre as mulheres porque Alá fez um superior à outra". Na página 36 do livro (A Mulher e o Islamismo), Ahmed Zaki Tuffaha escreveu: "Deus estabeleceu a superioridade do homem sobre a mulher pelo verso acima (Sura 4.34), o que não permite a igualdade entre o homem e a mulher. Porque aqui o homem está sobre a mulher devido à sua superioridade intelectual".

Como cristãos, podemos nos alegrar com o que a Bíblia diz: "Não há judeu nem grego, escravo nem livre, homem nem mulher; pois todos são um em Cristo Jesus" (Gálatas 3:28).

No Islamismo, não somente a mulher é considerada um brinquedo e inferior ao homem, mas as mulheres são consideradas como tendo muitas deficiências.

A MULHER É DEFICIENTE EM INTELIGÊNCIA E EM RELIGIÃO.

No livro de Sahih Al Bukhari, que os muçulmanos consideram o livro mais autêntico depois do Alcorão, lemos: "Certa vez, o Apóstolo de Alá disse a um grupo de mulheres:

'Não conheço ninguém mais deficiente em inteligência e religião do que vocês. Um homem prudente, sensível, pode ser desencaminhado por qualquer uma de vocês'. As mulheres perguntaram: 'Ó Apóstolo de Alá, qual a deficiência da nossa inteligência e da nossa religião?'. Ele disse: 'Não é a evidência de duas mulheres igual ao testemunho de um homem?'. Elas responderam que sim. Ele disse: 'Essa é a deficiência da sua inteligência'... 'Não é verdade que as mulheres não podem orar nem jejuar durante a menstruação?' As mulheres responderam que sim. Ele disse: 'Essa é a deficiência da sua religião'." Esse Hadith é inteiramente aceito, o que lhe dá um alto grau de autenticidade no Islamismo. Por isso ele é aceito e usado por eminentes estudiosos, como Ghazali, Ibn Al Arabi, Razi e muitos outros.

A MULHER É DEFICIENTE EM GRATIDÃO.

Em Sahih Al Bukhari (Parte 1, Hadith Nº 28), lemos: "As mulheres são mal-agradecidas aos seus maridos pelos favores e o bem [atos de caridade feitos a elas]. Se você sempre tiver sido bom [benevolente] a alguma delas e então ela vir alguma coisa em você [que não seja do agrado dela], ela vai dizer:
'Nuca recebi nenhum bem de você'."

AS MULHERES SÃO SEMELHANTES A UMA
COSTELA CURVADA.

Em Sahih Al Bukhari (Parte 7, Hadith Nº 113) está afirmado: "A mulher é como uma costela; se você tentar endireitá-la, ela se quebra. Portanto, se você quer tirar proveito dela, faça-o mesmo sendo ela defeituosa". Todos concordam com esse Hadith.

CASAMENTO

1. **Casamento forçado.**
"A virgem pode ser obrigada por seu pai a ser dada em casamento sem ser consultada." Isso é o que Ibn Timiyya (conhecido entre os muçulmanos como o xeque do Islamismo) declarou em Ibn Timiyya, Vol. 32, página 39. E, no mesmo volume, páginas 29 e 30, ele escreveu: "Mesmo a virgem adulta, o pai pode obrigá-la a casar-se". Isso está em acordo com Malek Ibn Ons, Al Shafi e Ibn Hanbals, que estão entre os principais Legisladores do Islamismo (especialistas na Lei Islâmica).

Ibn Hazm (um dos maiores estudiosos do Islamismo) mencionou em seu livro Al-Muhalla (O Adocicado), Vol. 6, parte 9, páginas 458 a 460: "O pai pode consentir em dar a sua filha em casamento sem a permissão dela, porque ela não tem escolha, exatamente como Abu Bakr El Sedick [o primeiro Califa depois de Maomé e seu sogro] fez com sua filha, Aisha, quando ela estava com seis anos de idade. Ele a deu em casamento ao profeta Maomé sem a permissão dela". Aisha disse: "O mensageiro de Alá tomou-me como sua noiva quando eu tinha seis anos, e tomou-me como sua esposa quando eu completei nove anos de idade". Ele estava com 54 anos de idade quando se casou com ela.

2. A importância do contrato de casamento

Em seu livro As Mulheres no Islamismo, Rafiqul Haqq resumiu a importância do contrato de casamento de acordo com três diferentes escolas islâmicas. Citando o livro Al-Fiqh ala al-Mazahib al-Arba a (Vol. 4, página 488), de Abd Ar Rahman Al Gaziri, ele diz: "O entendimento aceito nas diferentes escolas de jurisprudência é que aquilo que foi contratado no casamento é para o benefício que o homem pode ter da mulher e não o contrário". Os seguidores do Imã Malik declararam que o contrato de casamento é um contrato de propriedade do benefício do órgão sexual da mulher e do resto do seu corpo.

Os seguidores do Imã Shaffi disseram: "A visão mais aceita é que o que foi contratado é a mulher, isto é, o benefício derivado do seu órgão sexual". Outros declaram: "O que foi contratado é tanto o homem quanto a mulher". Segundo a primeira opinião, a esposa não pode exigir sexo de seu marido porque o direito é dele, não dela. De acordo com a segunda opinião, ela pode exigir ter sexo com ele.

Os seguidores do Imã Abu Hanifa disseram: "O direito ao prazer sexual pertence ao homem, não à mulher; isso quer dizer que o homem tem o direito de forçar a mulher a gratificá-lo sexualmente. Ela, por sua vez, não tem o direito de forçá-lo a fazer sexo com ela, a não ser uma vez (na vida). Mas ele precisa, do ponto de vista da religião, fazer sexo com ela para protegê-la de ser moralmente corrompida".

3. O número de esposas.

O homem pode se casar com até quatro mulheres livres ao mesmo tempo e pode divorciar-se de uma delas e casar-se com uma quinta, desde que não mantenha mais do que quatro esposas ao mesmo tempo. Ele pode ter sexo com um número ilimitado de moças escravas e concubinas. Sura 4.3 diz: "Se você tem medo de não poder tratar com justiça os órfãos, case-se com as mulheres que você escolher, duas ou três ou quatro, mas, se você tem medo de não poder agir com justiça [com elas], então somente uma, ou aquela que a sua mão direita possui que seja mais apropriada, para evitar que você cometa injustiça".

Em seu livro Al-Fiqh ala al-Mazahib al-Arbaa (Vol. 4, página 89), Abd Ar Rahman Al Gaziri escreveu: "Pois se um homem comprar uma moça escrava, o contrato de compra inclui o seu direito de ter sexo com ela". Esse contrato visa, em primeiro lugar, a posse dela e, em segundo lugar, desfrutar dela sexualmente.

Um sábio muito famoso entre os muçulmanos citou uma das justificativas para um homem casar-se com mais de uma mulher: "Alguns homens têm um desejo sexual compulsivo tão grande que uma mulher não é suficiente para protegê-los [do adultério]. Tais homens, portanto, devem casar-se com mais de uma mulher e podem ter até quatro esposas". (Ihy a Uloum ed-Din, de Ghazali, Vol. 2, Kitab Adab Al-Nikah, página 34). Ghazali deu um exemplo para esse desejo sexual excessivo no mesmo livro (parte 2, página 27): "Ali [que os xiitas consideram o profeta de Alá, que foi o mais ascético de todos os companheiros, teve quatro esposas e dezessete escravas como concubinas]". No Sahih Bukhari (parte 7, Hadith N° 142) diz: "O Profeta costumava passar (ter relações sexuais com) todas as esposas numa só noite, e naquele tempo ele tinha nove esposas. Certa vez, ele falou acerca de si mesmo que tinha recebido a potência sexual de quarenta homens", conforme escrito no Al Tabakat Al Kobra (Vol. 8, página 139) de Mohammed Ibn Saad (sábio muçulmano).

Os Ensinos do Islã

1. Deus (Alá) é um.

2. O homem tem autoridade sobre as mulheres porque Alá o fez superior a elas devido à maior capacidade intelectual do primeiro.

3. O homem pode casar-se com até quatro mulheres livres ao mesmo tempo e pode divorciar-se de qualquer uma delas e casar-se com uma quinta, desde que não coabite com mais do que quatro esposas ao mesmo tempo.

4. O Islamismo divide o pecado em duas grandes categorias: os pecados maiores e os pecados menores.

5. Os teólogos muçulmanos diferem quanto ao número desses "pecados maiores". Tradicionalmente, o número é sete. São eles:
   (a) Assemelhar alguém/alguma coisa com Alá (prestar culto a qualquer outra pessoa ou coisa além de Alá ou dizer que alguém é igual a Alá)
   (b) Magia
   (c) Assassínio
   (d) Roubo
   (e) Abusar dos órfãos (curiosamente Maomé foi órfão)
   (f) Fugir na batalha
   (g) Acusar falsamente uma mulher de adultério

6. Cada pecado tem a sua própria punição. Alguns pecados, como o adultério, têm vários tipos de punição.

7. Os teólogos muçulmanos discordam quanto ao número de maneiras diferentes que um muçulmano pode receber o perdão tanto para os pecados menores como para os pecados maiores.

8. No último dia Deus julgará os homens segundo os seus atos. Alá pesará as boas obras e as más e decidirá o destino de cada pessoa.

9. Só as pessoas que morrem em "Jihad" (que significa a luta contra os inimigos do Islã) irão diretamente para o paraíso.

10. No Islamismo, o inferno é um lugar de fogo e tormento. Alá preparou-o para ser ocupado com os Jinni (espíritos maus) e seres humanos, e ninguém vai escapar. Foi criado tanto para os injustos como para os justos.

11. No paraíso, que espera os muçulmanos depois de eles saírem do inferno, há as *houris*, destinadas a satisfazer os prazeres sexuais dos homens. Essas houris são virgens, e as suas relações com os homens jamais afetarão a sua virgindade. Não envelhecem mais do que 33 anos de idade. São branquinhas, têm olhos grandes e negros e pele suave e macia. As mulheres que morrerem em idade avançada na terra serão recriadas virgens para o deleite dos homens.

Os Pilares do Islamismo

Os muçulmanos vivem a sua fé de acordo com cinco "pilares".

– A fé – as primeiras e últimas palavras de qualquer muçulmano são: "Eu testemunho que não há outro deus além de Alá, e Maomé é o seu profeta".

– A oração – tem de ser realizada cinco vezes por dia na direção de Meca, mas antes de ela ser realizada é necessário passar pelo ritual da lavagem, senão Alá não ouvirá as orações.

– A esmola – é preciso dar esmolas porque elas são eficazes na purificação dos pecados.

– O jejum – particularmente no mês de Ramadã, durante o qual não se pode comer nem beber desde a madrugada até o pôr do sol.

– A peregrinação para Meca – esta deve ser realizada pelo menos uma vez na vida para os que são capazes de a fazer.

Vocabulário

– **Caaba** – sagrada mesquita muçulmana em Meca; também designa a pedra negra sagrada que se encontra no interior dessa mesquita.

– **Califa** – nome dado aos sucessores de Mohammad.

– **Chahada** – literalmente: "testemunho"; é o primeiro dos cinco pilares do Islã (sua profissão de fé): "Não há divindade além de Deus e Mohammad é seu mensageiro".

– **Hajj** – O quinto pilar do Islã, que consiste numa peregrinação anual à cidade sagrada de Meca (para quem tiver condições físicas e econômicas para isso) ou pelo menos uma vez na vida.

– **Islã** – *palavra árabe que significa "submissão"; no contexto muçulmano, significa "submissão ou entrega total a Deus"; no contexto histórico, refere-se à religião iniciada por Mohammad.*

– **Jibril** – *nome árabe para o anjo Gabriel, que supostamente forneceu a Mohammad a "revelação" (Alcorão).*

– **Mesquita** – *local de adoração dos muçulmanos (masjid, em árabe).*

– **Ramadan** – *mês do calendário islâmico em que os adeptos devem jejuar, pois nesse mês Mohammad teria recebido a "revelação".*

– **Salat** – *orações obrigatórias que os muçulmanos devem praticar cinco vezes ao dia; são recitadas em árabe, contendo versículos do Alcorão. É o segundo pilar do Islã.*

– **Siyam** – *é o quarto pilar do Islã, o jejum, que deve ser observado durante todo o mês de Ramadan, do nascer ao pôr do sol, seguido da abstenção de comida, bebida e dos relacionamentos sexuais.*

– **Surata** – *cada capítulo do Alcorão.*

– **Zakat** – *literalmente: "purificação"; é o terceiro pilar do Islã e consiste na prática obrigatória de dar uma porcentagem do que se ganha ao Islã para sua propagação e outros fins.*

Hinduísmo

O Hinduísmo é uma das religiões mais antigas do mundo. Não há um fundador dessa religião, ao contrário de tantas outras – no Islamismo, por exemplo, temos Maomé, e no Budismo, o próprio Buda. O Hinduísmo, na verdade, se compõe de toda uma intersecção de valores, filosofias e crenças, derivadas de diferentes povos e culturas.

Para compreender o Hinduísmo, é fundamental situá-lo historicamente. Por volta de 3000 a.C., a Índia era habitada por povos que cultuavam o Pai do Universo, numa espécie de fé monoteísta. Pouco depois, em 2500 a.C., floresceu a civilização dravídica, no vale do rio Indo, região que hoje corresponde ao Paquistão e parte da Índia. Os drávidas eram adeptos de uma filosofia de louvor à natureza, de orientação matriarcal e baseada no princípio da não violência. Porém, em 1500 a.C., os arianos invadiram e dominaram a região, reduzindo os antigos drávidas à condição de párias – espécie de subclasse social, que até hoje permanece como a casta mais baixa da pirâmide social indiana.

Hinduísmo Védico e Hinduísmo Bramânico

Na primeira fase do Hinduísmo, que recebe o nome de Hinduísmo Védico, temos o culto aos deuses tribais. Dyaus, ou Dyaus-Pitar ("Deus do Céu", em sânscrito), era o deus supremo, consorte da Mãe Terra. Doador da chuva e da fertilidade, ele gerou todos os outros deuses. O Sol (Surya), a Lua (Chandra) e a Aurora (Heos) eram os deuses da luz. Divindades menores e locais são as árvores, as pedras, os rios e o fogo. A partir da influência ariana, o simbolismo de Dyaus passou por uma transformação e tornou-se Indra, jovem divindade que rege a guerra, a fertilidade e o firmamento. Indra representa os aspectos benevolentes da tempestade, em contraposição a Rudra, provável precursor do deus Shiva, o destruidor. Também nesse período surgiram diversas outras divindades, inclusive Asura, representante das forças maléficas.

Na segunda fase do Hinduísmo, que recebe os nomes de Vedanta (fim dos Vedas) ou Hinduísmo Bramânico, ocorre a ascensão de Brahma, a divindade que simboliza a alma universal. Brahma é um dos deuses que compõem o Trimurti (Trindade) do Hinduísmo. Ele representa a força criadora. Os dois outros deuses são Vishnu, o preservador, e Shiva, o destruidor. Nesse momento, surge a figura dos brâmanes, que compõem a casta sacerdotal da tradição hindu. Os rituais ganham uma série de componentes mágicos e elaboram-se ideias mais complexas acerca do Universo e da alma, inclusive conceitos como o de reencarnação e o de transmigração de almas.

Mais História – A terceira fase

No século XII, a Índia é invadida pelos muçulmanos, e grande parte de sua população é forçada à conversão. Aliás, o termo hindu designava qualquer pessoa nascida na Índia, mas a partir do século XIII ganha uma conotação religiosa, tornando-se sinônimo de "nativo não convertido ao Islamismo".

A influência muçulmana se faz sentir dentro da ritualística hindu, pois uma das características marcantes do Hinduísmo é sua capacidade de absorver novos elementos e agregá-los ao seu sistema de crenças. Isso também ocorre quando, no século XVIII, o Cristianismo se insere no universo indiano, pela influência predominante dos colonizadores franceses.

Esse Hinduísmo híbrido também se divide em várias correntes, cujos expoentes são gurus como Sri Ramakrishna (1834-1886), Vivekananda (1863-1902) e Sri Aurobindo (1872-1950). O que essas correntes têm em comum é a preocupação em estender o trabalho espiritual ao âmbito social, por meio de trabalhos filantrópicos e assistenciais.

Por força dessa nova fase, a própria organização social da Índia – em sistema de castas – começa a perder o sentido, pois existe um clamor ético por igualdade e solidariedade. O maior mestre do Hinduísmo moderno é Mahatma Gandhi (1869-1948), conhecido no Ocidente como chefe político, mas venerado na Índia como guru espiritual. Gandhi, adepto da Ahimsa (o princípio da não violência), apregoava a importância de o homem exercer perfeito controle sobre si mesmo.

Hoje, o Hinduísmo é a crença predominante na Índia. Mais do que uma religião, ele se caracteriza como uma tradição cultural, que engloba modo de viver, ordem social, princípios éticos e filosóficos.

As Escrituras Sagradas

– *VEDAS: Primeiros livros do Hinduísmo, surgidos aproximadamente no ano de 1000 a.C., que aglutinam quatro coletâneas de textos. Dentre eles, destaca-se o Mahabharata, que contém o poema épico Bhagavad Gita (A Canção do Senhor). O conteúdo dos Vedas oscila entre o monoteísmo (culto a um deus único) e o politeísmo (culto a diversos deuses).*

– *UPANISHADS: Essas escrituras, que podem ser traduzidas como Doutrinas Arcanas, foram redigidas por místicos que representam o expoente máximo do Bramanismo (uma das vertentes do Hinduísmo). Sua estrutura é a de uma série de diálogos entre mestres e discípulos, cujo ensinamento fundamental é o seguinte: o mundo em que vivemos é feito de maya (ilusão) e, embora possamos ter a impressão de que o mundo é real, a única verdade é Brahma, a divindade suprema.*

Fundamentos importantes

– Para o Hinduísmo, as pessoas possuem um espírito (atman), que é uma força perene e indestrutível. A trajetória desse espírito depende das nossas ações, pois a toda ação corresponde uma reação – Lei do Karma.

– Enquanto não atingimos a libertação final – chamada de moksha –, passamos continuamente por mortes e renascimentos. Esse ciclo é denominado Roda de Samsara, da qual só saímos após atingirmos a Iluminação.

– Os rituais se compõem de dois elementos principais: Darshan, que é a meditação/contemplação da divindade, e o Puja (oferenda).

– A alimentação vegetariana é um dos pontos essenciais da filosofia hindu. Isso porque é livre da impureza (morte/sangue), e como todo alimento deve ser antes oferecido aos deuses, não se poderia ofertar algo que fosse "sujo".

– As preces são entoadas como cânticos no idioma sânscrito, língua "morta" que deu origem ao hindi e a um grande número de dialetos praticados na Índia. Essas preces recebem o nome de mantras. Os mantras são dirigidos a diversas divindades, ou estimulam qualidades pessoais. Em geral, são entoados 108 vezes, e para sua contagem utiliza-se o japa-mala (colar de contas), uma espécie de rosário, confeccionado em sândalo ou com sementes de rudraksha (árvores consideradas altamente auspiciosas pela tradição indiana).

Shiva, a divindade mais popular da Índia

Shiva é a divindade que representa o princípio masculino. É o deus da morte, da destruição e das transformações profundas. Sua atuação é fundamental, porque do caos que ele promove se faz a nova vida.

Em geral, é mostrado em movimento de dança, no meio de uma roda de fogo, elemento da natureza ao qual ele está associado. Sua dança, denominada Tandava, simboliza o eterno movimento do Universo. Com o pé direito, ele esmaga a cabeça de uma figura bestial – a ignorância – e com o pé esquerdo ele faz um movimento ascendente, indicando a liberação espiritual.

Na Índia, é comum encontrarmos os saddhus – homens "santos", que renunciam ao mundo e vagueiam em busca de sabedoria e iluminação. Devotos de Shiva, os saddhus costumam andar seminus, têm os cabelos bastante compridos e emaranhados e dedicam-se à prática da ioga, que seria uma expressão da dança de Shiva.

O princípio feminino da criação é Shakti, que se manifesta como Parvati (a mãe), Durga (a deusa da beleza), Lakshmi (senhora da arte e da criatividade) e Kali (senhora da destruição). Todas elas são esposas de Shiva.

Ganesha, o removedor de obstáculos

Ganesha é representado como um ser com corpo de homem e cabeça de elefante. De acordo com um dos mitos associados a essa divindade, Parvati tirou uma de suas próprias costelas e com ela fez um filho, a quem encarregou de guardar seus aposentos. Quando seu marido Shiva chegou e encontrou aquele homem nas proximidades do quarto da esposa, matou-o e arrancou-lhe a cabeça.

Diante da tragédia, Parvati exigiu que o marido devolvesse a vida a Ganesha. Então, Shiva prometeu que colocaria em Ganesha a cabeça da primeira criatura viva que aparecesse em seu caminho – e foi justamente um elefante.

Ganesha é protetor dos comerciantes e também dos sábios e escritores. Seus atributos são a prosperidade, a inteligência, o intelecto e a capacidade de superar obstáculos. Também simboliza a união entre o masculino e o feminino (ou os princípios Shiva e Shakti), pois sua tromba é uma forma fálica, e a boca é a forma receptora.

O culto a Krishna é um capítulo à parte na religiosidade hindu. Na verdade, o Movimento para a Consciência de Krishna, ou simplesmente Hare Krishna, como é mais conhecido no Brasil, é uma doutrina de alcance internacional, porém de pouca penetração na comunidade indiana.

"O caminho eterno", ou a "Filosofia perene/Harmonia/Fé", é o nome que tem sido usado para representar o Hinduísmo desde a Antiguidade. De acordo com os hindus, transmite a ideia de que certos princípios espirituais são intrinsecamente verdadeiros e eternos, transcendendo as ações humanas, representando uma ciência pura da consciência. Mas essa consciência não é meramente aquela do corpo, da mente ou do intelecto, mas de um estado de espírito supramental que existe dentro *e* além de nossa existência, o imaculado Ser de tudo. A religião dos hindus é a busca inata pelo divino dentro do Ser, a busca por encontrar a Verdade que nunca foi perdida de fato. Verdade buscada com fé que poderá tornar-se reconfortante luminosidade independente da raça ou do credo professado. Na verdade, toda forma de existência, dos vegetais e animais até o homem, é sujeito e objeto do eterno Dharma. Essa fé inata, então, é também conhecida como Arya/Dharma Nobre, Veda/Dharma do Conhecimento, Yoga/Dharma da União e Dharma Hindu ou simplesmente Dharma.

O que pode ser compreendido como uma crença comum a todos os hindus são o Dharma, a reencarnação, o karma e a moksha (liberação) de cada alma por meio de variadas ações de cunho moral e da meditação yoga. Entre os princípios fundamentais incluem-se ainda o ahimsa (não violência), com a primazia do Guru, a palavra divina Aum e o poder do mantra, amor à verdade em muitas manifestações como Deus e Deusas, e a compreensão de que a chama divina essencial (Atman/Brahman) está presente em cada ser humano e em todas as criaturas viventes, que podem chegar por diversas sendas à Verdade Una.

Yoga Dharma

Uma das formas práticas do Hinduísmo é a yoga, que significa União e consiste em práticas espirituais conhecidas como bhakti (amor, devoção), karma yoga (serviço altruísta), Raja Yoga (meditação) e Jñana Yoga (Yoga da discriminação). São descritos nos dois principais textos do Hinduísmo Yoga: Bhagavad Gita e Yoga Sutras de Patanjali. Os Upanishads são também de fundamental importância como fundamentos filosóficos para esse espiritualismo racional.

Os quatro objetivos na vida

Outro maior aspecto do Dharma Hindu que é uma prática comum de todos os hindus é o *purushartha*, ou "quatro objetivos da vida". Eles são *kama, artha, dharma* e *moksha*. É dito que todos os homens seguem o *kama* (prazer, físico ou emocional) e *artha* (poder, fama e riqueza), mas brevemente, com maturidade, eles aprendem a controlar esses desejos, com o *dharma*, ou a harmonia moral presente em toda a natureza. O objetivo maior é infinito, e seu resultado é a absoluta felicidade, *moksha*, ou liberação, também conhecida como *Mukti, Samadhi,* Nirvana, etc.) do *Samsara*, o ciclo da vida, morte e existência dual.

Os quatro estágios da vida humana

A vida humana também é vista como quatro Ashramas ("fases" ou "estágios"). Eles são Brahmacharya, Grihasthya, Vanaprastha e Sanyasa. O primeiro quarto da vida, brahmacharya (literalmente "pastar em Brahma"), é passado em celibato, sobriedade e pura contemplação dos segredos da vida sob os cuidados de um Guru, solidificando o corpo e a mente para as responsabilidades da vida. Grihastya é o estágio do chefe de família, alternativamente conhecido como samsara, no qual o indivíduo se casa para satisfazer kama e artha na vida conjugal e em uma carreira profissional. Vanaprastha é o gradual desapego do mundo material, ostensivamente entregando seus deveres aos filhos e filhas e passando mais tempo em contemplação da verdade, e em peregrinações santas. Finalmente, no sanyasa, o indivíduo vai para seclusão, geralmente em uma floresta, para encontrar Deus por meio da meditação Yogica e pacificamente libertar-se de seu corpo para uma próxima vida.

CURIOSIDADES

– Tradicionalmente, os indianos costumam comer usando a mão direita literalmente, isto é sem nenhum talher;
– Hindus não comem carne bovina e muçulmanos não comem porco;
– Deve-se comer usando somente a mão direita, visto que a mão esquerda é usada para propósitos higiênicos e, portanto, considerada impura. Porém, é aceitável passar pratos ou vasilhas com a mão esquerda;
– Tocar a comida em um prato comum, ou seja, que vai ser divido para todos, pode fazer com que os outros evitem comê-la;
– Lavar as mãos antes e depois das refeições é muito importante. Em algumas casas hindus, espera-se que o visitante lave a boca também;
– Para alguns hindus, é um insulto um visitante agradecer pela comida após ter terminado de comer, visto que, para eles, dizer obrigado é considerado uma forma de pagamento;
– Se você está bebendo água ou outra bebida num copo ou outro recipiente que será usado por outros, nunca o toque com os lábios. Segure o copo um pouco acima da boca e deixe a bebida cair aos poucos;
– É muito comum entre os hindus utilizar muitos cerimoniais em sua vida diária. Por exemplo, os brâmanes (casta alta) não comem nenhum tipo de carne e derivados de animais, como ovos e outros. Quando comem por engano

ou fazem outras coisas que segundo eles os torna impuros, eles costumam fazer um ritual de purificação que, algumas vezes, consiste em beber urina de vaca (que eles dizem que é sagrada). Alguns rituais de purificação incluem cinco produtos da vaca, considerados sagrados para os hindus: leite, coalhada, gordura, urina e fezes;
– Um antigo costume hindu, já fora de uso, dizia que, para uma mulher devota, seu marido era literalmente um deus. Para agradar seu marido a esposa deveria de boa vontade fazer qualquer coisa. A principal razão para ela viver era servir seu marido e obedecer a risca todos os seus desejos. Uma esposa poderia comer somente após seu marido, e sua refeição deveria ser feita no prato usado por ele.

Catolicismo

O Catolicismo é um nome religioso aplicado a dois ramos do Cristianismo. É o maior ramo e o mais antigo como igreja organizada. O termo católico é originado do grego *katholikos*.

O projeto da igreja é levar o evangelho a qualquer pessoa e em qualquer lugar do mundo, sua sede é localizada no vaticano e tem uma rígida hierarquia, sob a direção do papa.

Um dos pontos históricos da doutrina é a crença nos santos. Os fiéis católicos os veneram, como intermediário entre o homem e Deus. Maria, mãe de Jesus Cristo, é considerada a maior intermediária entre os fiéis e seu filho.

A missa é o principal ato litúrgico católico e seu ponto culminante é a eucaristia, ou comunhão, reconstituição, o ritual da última ceia.

Ela é um dos sete sacramentos da Igreja, no qual, segundo a crença, Jesus Cristo se acharia presente, sob as aparências do pão e do vinho, com seu corpo, sangue, alma e divindade. E os outros são o batismo, a crisma ou confirmação, a confissão e outros.

VATICANO

O Catolicismo começou a tomar forma no ano 325, quando o imperador romano Constantino, "convertido" ao cristianismo, convocou o primeiro concílio das igrejas, que foi dirigido por Hósia Córdova com 318 bispos presentes. Esses bispos eram cristãos, ainda não havia catolicismo romano.

Constantino construiu a Igreja do Salvador num bairro nobre de Roma chamado Vaticanus, os bispos (papas) de então construíram vários palácios ao redor da igreja, formando o Vaticano que hoje existe.

A Igreja recebeu o nome de Católica somente no ano 381, no concílio de Constantinopla, com o decreto "CUNCTOS POPULOS" dirigido pelo imperador romano Teodósio. Devido às alterações que fez, deixou de ser apostólica e não sabemos como pode ser romana e universal ao mesmo tempo.

Até o século V não houve "PAPA" como conhecemos hoje. Esse tratamento de ternura começou a ser aplicado a todos os bispos a partir do ano 304.

Naqueles tempos ninguém supunha que São Pedro foi papa, fora casado e não teve ambições temporais. Os líderes do Cristianismo depois dos apóstolos foram os bispos, os pastores e evangelistas. Uma relação de papas começando com o apóstolo Pedro é falsa, foi forjada para valorizar os papas.

Depois do ano 400 as igrejas viram-se dominadas por cinco "patriarcas", que foram os bispos de Antioquia, de Jerusalém, de Alexandria, de Constantinopla e de Roma, útero que gerou o papado.

As igrejas que eram livres começaram a perder autonomia com o papa Inocêncio I, no ano 401, que, dizendo-se Governante das igrejas de Deus, exigia que todas as controvérsias fossem levadas a ele.

O papa Leão I, no ano 440, é mencionado pelos historiadores como o primeiro papa: procurou impor respeito prescrevendo que "resistir a sua autoridade seria ir direto para o inferno". Nessa situação confusa houve porfia entre os bispos de Constantinopla com os de Roma sobre a liderança do Cristianismo quando interveio o concílio de Calcedônia, no ano 451, que concedeu "direitos iguais a todos".

O papado como conhecemos desenvolveu-se gradativamente, sustentado a princípio pelo Império Romano; é intruso no Cristianismo e não se enquadra na Bíblia, mas é identificado nas Sagradas Escrituras como "Ponta Pequena" (Daniel 7:8).

O estado territorial do Vaticano teve origem com o papa Estêvão II, nos anos 741-752, que instigou Pepino, o breve, e seu exército a conquistar territórios da Itália e doá-los à Igreja. Carlos Magno, pai de Pepino, confirmou a doação no ano 774 elevando o Catolicismo a posição de poder mundial, surgindo o Santo Império Romano sob a autoridade do Papa-Rei. Esse império durou 1.100 anos.

Carlos Magno já velho arrependeu-se por doar territórios aos papas. Agonizando, sofria terríveis pesadelos e lastimava-se assim: "Como me justificar diante de Deus pelas guerras que irão devastar a Itália, pois os papas são ambiciosos, eis por que se me apresentam imagens horríveis e monstruosas, que me apavoram, devo merecer de Deus um severo castigo".

Espiritismo

O Espiritismo é ao mesmo tempo uma ciência de observação e uma doutrina filosófica. Como ciência prática, consiste nas relações que se podem estabelecer com os Espíritos; como filosofia, compreende todas as consequências morais que decorrem dessas relações.

O Espiritismo é uma ciência que trata da natureza, da origem e da destinação dos espíritos, e das suas relações com o mundo corporal.

Codificada na França, no mês de abril de 1857, pelo bacharel em letras e ciências e professor universitário Hippolyte Denizard Rivail (Allan Kardec), a religião espírita prefere se identificar também como ciência de observação embasada numa doutrina filosófica.

Os espíritas ensinam que Allan Kardec é o codificador da doutrina e não o fundador, pois os fenômenos espíritas existem desde quando Deus criou o ser humano.

Foram as americanas Maggie e Katie Fox que deram início definitivo ao moderno Espiritismo. O espírito de Charles Rosna, assassinado aos 30 anos, começou a se comunicar com essas irmãs. O fato teve uma divulgação tão grande que atraiu pessoas de muitos lugares.

Há mais de 15 milhões de espíritas no mundo e o número de simpatizantes dessa religião é quase quatro vezes maior.

No Brasil, a primeira seção espírita registrada realizou-se no dia 17 de setembro 1865, em Salvador, Bahia, sob a direção de Luís Olímpio Teles de Menezes, que fundou nesse mesmo ano o primeiro centro espírita, com o nome de Grupo Familiar do Espiritismo.

No Rio de Janeiro, surgiu no dia 2 de agosto de 1873 com o nome de Sociedade de Estudos Espíritos do Grupo Confúcio.

Dois anos depois, esses núcleos espíritas lançaram uma revista traduzida de várias obras fundamentais de Allan Kardec. Em 1883 foi fundada a revista Reformador, que se tornou o órgão oficial da Federação Espírita Brasileira.

Desde então se multiplicaram os grupos e centros espíritas em todo o país.

Atualmente, a Federação Espírita Brasileira estima que há cerca de 8 milhões de adeptos do Espiritismo, 30 milhões de simpatizantes, e quase 55 mil centros espalhados por todo o território nacional.

Reuniões

Uma reunião espírita, que não é o mesmo que uma reunião mediúnica, é composta, em geral, pelo presidente da mesa e por palestrantes.

Além deles, apenas o público.

Já em uma reunião mediúnica, há pessoas em oração, um (ou alguns) médium(ns), para que o desencarnado possa se manifestar, e um doutrinador, que não deve ser médium e que cumprirá a missão de se comunicar com o espírito que se manifestar.

De acordo com o Espiritismo, eles revelam conceitos novos e mais profundos a respeito de Deus, do Universo, dos homens, dos espíritos e das leis que regem a vida. Revela ainda o que somos, de onde viemos e pra onde vamos, qual a razão da dor e do sofrimento. O Espiritismo toca em todas as áreas do conhecimento e do comportamento humano, por isso pode e deve ser estudado, analisado e praticado em todos os aspectos fundamentais da vida, tais como: científico, filosófico, religioso, ético, moral, educacional, social.

A prática Espírita

Toda a prática espírita é gratuita, dentro do princípio do Evangelho:

"Dai de graça o que de graça recebeste."

O Espiritismo não impõe seus princípios.

Convida os interessados a conhecê-lo, a submeter os seus ensinos ao crivo da razão antes de aceitá-los.

A prática Espírita é realizada sem nenhum culto exterior, dentro do princípio cristão de que Deus deve ser adorado em Espírito e Verdade.

O Espiritismo não tem corpo sacerdotal e não adota e nem usa em suas reuniões e em suas práticas: altares, imagens, velas, procissões, sacramentos, bebidas alcoólicas ou alucinógenas, incenso, talismã, pirâmide, cristais, ou quaisquer outros objetos, rituais ou formas de culto exterior.

A mediunidade, que permite a comunicação entre espíritos e homens, é uma faculdade que muitas pessoas trazem consigo ao nascer, independentemente da religião ou da diretriz doutrinária de vida que adote.

O Espiritismo respeita todas as religiões, valoriza todos os esforços para a prática do bem e trabalha pela confraternização entre todos os homens, independentemente da sua raça, cor, nacionalidade, crença, nível cultural ou social.

Ritos

A doutrina espírita não adota e nem usa qualquer tipo de ritos e símbolos em suas reuniões e práticas.

Por preocupar-se em analisar a essência de Deus, no capítulo I do Livro dos Espíritos, gera, no máximo, consequências de cunho religioso. Contudo, não possui os atributos que qualificam uma religião, como sacerdotes, rituais, liturgias, cerimônias, hierarquia...

COMENTÁRIOS FINAIS

O Que Dizer Aos Perdidos?

Agora você, leitor, já conhece um pouco mais sobre as principais formas de expressões religiosas do mundo, bem como alguns de seus principais costumes e crenças.

Isso o livrará de cometer "gafes" mundo afora, bem como de cair em uma cilada do adversário, em locais pelo globo onde as práticas religiosas são unificadas com o sistema de leis. Desrespeitar um costume pode levá-lo à prisão ou a ser hostilizado pela população à qual se pretende levar as boas-novas.

Qual é o maior argumento que temos em nossas mãos?

Além dos conhecidos: Jesus foi o único que ressuscitou, que andou sobre as águas, que curou os enfermos, trouxe mortos à vida, etc.

Há uma argumentação que uso com frequência, especialmente com os mais céticos.

Os soldados romanos eram o exército mais temido de seu tempo. Eram organizados, hábeis combatentes e excelentes estrategistas. O termo hebraico é *Hayil*, que vem de uma raiz que significa força. Do grego, *Strateuo*.

Os exércitos romanos eram divididos em legiões, tendo até seis mil homens. Havia pelotões menores, as centúrias, compostas de 100 homens, cujo chefe era o centurião. Os romanos eram famosos pelas suas habilidades de conquista e guerra. Era um verdadeiro império! Um dos motivos que levaram Cristo à cruz foi o convencimento das autoridades romanas de que aquele homem poderia ser o estopim de uma rebelião. Era portanto função do procurador romano em Jerusalém manter a ordem. Como Jesus já havia dito muitas vezes que Ele ressuscitaria, havia certamente um temor por parte dos romanos de que os seus seguidores roubassem seu corpo, validando assim suas palavras. Aquilo poderia ter um desdobramento inesperado diante do império.

"No dia seguinte, que é o dia depois da preparação, os principais sacerdotes e os fariseus foram ter com Pilatos, dizendo: Senhor, lembramo-nos de que aquele enganador, enquanto vivia, disse: Depois de três dias ressurgirei.

Portanto manda que o sepulcro seja guardado com segurança, até o terceiro dia, para não se dar o caso de que os seus discípulos vão de noite, o furtem e digam ao povo: Ressurgiu dentre os mortos. Assim o último erro será pior do que o primeiro. Disse-lhes Pilatos: Tendes aí uma escolta. Ide, guardai-o como bem vos parecer.

Indo eles, montaram guarda no sepulcro, selando a pedra e deixando ali a escolta." Mateus 29:62-66.

Não só os romanos temiam que o sepulcro fosse violado, mas também os fariseus, que certamente devem ter tomado todas as providências para proteger o sepulcro. Estavam bem tranquilos, pois havia ali uma escolta de soldados romanos. Quem seria tão louco ou ousado para desafiá-los?

"Houve um grande terremoto, pois um anjo do Senhor desceu do céu, chegou e removeu a pedra e assentou-se sobre ela. Seu aspecto era como um relâmpago, e sua veste branca como a neve. Os guardas tremeram de medo dele e ficaram como mortos". Mateus 28:2-4.

Os romanos estavam acostumados a ver de tudo nas guerras sangrentas e estavam também acostumados a tremores de terra. Mas para o que eles viram não havia explicação racional. Como alguém poderia mover aquela pedra pesadíssima? De onde vinha tanto poder?

Caíram por terra os temíveis romanos. Quando Jesus se manifesta, caem por terra nossos sofismas, nossos valores, nossa arrogância, nossa soberba...

Jesus ressuscitou! E vive, para sempre!

Fator Melquisedeque

O Programa De Deus Impresso Na Alma Humana.

*D*e fato, a Bíblia começa com "Missões"; mantém "Missões" como seu tema central de ponta a ponta chagando ao seu clímax em Apocalipse, com explosões espontâneas porque o mandato missionário foi cumprido.

O principal tema da Bíblia é a bênção sobre todos os povos da Terra, abençoando em primeiro lugar Abraão. E onde Deus promete abençoar todos os povos por meio de Abraão? Em Gênesis, cap. 12. Tudo o que vem antes é uma espécie de introdução. "Em ti serão benditas todas as famílias da Terra". Essas palavras fazem calar os leitores atentos. Sentimos imediatamente que quem faz essas promessas não é um deus tribal mesquinho, mas um Deus cujos planos são benignos e universais, abrangendo todas as eras e culturas. Javé não planejava tornar Abraão egocêntrico, arrogante, indiferente. Javé o abençoou para fazer dele uma bênção universal, e não apenas para seus próprios parentes! Essa bênção tem como alvo todas as famílias da Terra. E nós fazemos parte dessa aliança, dessa promessa!

A aliança Abrâmica, contudo, não marca a primeira vez que Deus revela-se aos homens. Adão, Caim, Abel, Sete, Enoque, Noé, Jó e sem dúvida outros, até chegar ao contemporâneo de Abraão, Melquisedeque, haviam recebido comunicação divina direta. Todas essas revelações anteriores concentram-se ao redor de:

1. O fato da existência de Deus;
2. A Criação;
3. A rebelião e queda do homem;
4. A necessidade de um sacrifício para aplacar Deus e as tentativas engenhosas dos demônios para fazer com que os homens sacrificassem a eles;
5. O grande Dilúvio;
6. A aparição repentina de muitas línguas e a consequente dispersão da humanidade em muitos povos; e finalmente...
7. O reconhecimento da necessidade humana das novas revelações que conduzam o homem a uma comunhão abençoada com Deus.

Esses sete fatos principais, conhecidos antes da época de Abraão, continuam inclusos – numa ordem decrescente de ocorrência estatística – entre os componentes essenciais das religiões populares no mundo inteiro. O grau em que qualquer religião popular manteve a sua ligação com a Verdade pode ser medido pelo número desses sete componentes que ela ainda retém e a clareza dos mesmos. Esses elementos sobreviventes podem ser denominados "revelação geral". O homem foi feito de tal forma que só é completo na presença do Criador. Há algo na essência humana que sinaliza isso. Como um programa no interior da alma que sabe fazer parte de um projeto divino.

É nesse aspecto que Melquisedeque entrou na história.

Quando Abraão e sua caravana se entranharam em Canaã, uma agradável surpresa os esperava. Eles passaram perto de uma cidade chamada Salém, que significa "paz" na língua dos cananeus. Mais tarde Salém contribuiria para formar a última parte do nome Jerusalém – "o fundamento da paz".

Ainda mais interessante que a cidade propriamente dita era o rei que reinava sobre ela: Melquisedeque. Seu nome é uma combinação de duas outras palavras cananeias: *melchi*, rei, e *zadok*, justiça. Um rei de justiça entre os cananeus, notórios pela sua idolatria, sacrifícios de crianças, homossexualismo legalizado e prostituição no Templo? Com certeza Melquisedeque tinha recebido um nome muito impróprio!

Mas não. Mal Abraão havia entrado nesse "Vale do rei" quando o rei Melquisedeque lhe trouxe pão e vinho. O narrador não diz que Melquisedeque viajou para encontrar-se com Abraão, levando-lhe pão e vinho, mas simplesmente que ele "trouxe pão e vinho". Agora chega o inesperado: esse "rei de justiça" cananeu, segundo o autor de Gênesis, atuava também como sacerdote do Deus Altíssimo (El Elyon). Tanto El como Elyon eram nomes cananeus para o próprio Javé. El ocorre frequentemente nos textos ugaríticos da Antiguidade. O termo cananeu El infiltrou-se até mesmo na língua hebraica dos descendentes de Abraão. Elyon também aparece como um nome para Deus nos textos antigos escritos em fenício – uma ramificação posterior da língua cananeia antiga de Melquisedeque.

Melquisedeque abençoou Abraão segundo o texto bíblico, em nome de El Elyon. E veja a resposta de Abraão. Talvez ele corrigisse Melquisedeque, dizendo que o nome correto para o Altíssimo é Yaweh e não El Elyon! Além disso, "não posso aceitar uma bênção oferecida debaixo deste nome cananeu, uma vez que todo conceito cananeu deve estar tingido por noções pagãs".

"Javé me disse que eu é que deveria ser uma bênção para todas as famílias da Terra, inclusive cananeus como você."

Abraão poderia ter achado presunçoso da parte de Melquisedeque querer abençoá-lo!

Mas nada disso aconteceu. Como prova de que ambos sabiam estar servindo ao mesmo Deus, a resposta de

Abraão foi simplesmente dar a Melquisedeque o dízimo de tudo quanto tinha. Esse ato de Abraão deu mais tarde origem a um extenso comentário na epístola aos hebreus. O escritor cita que o sacerdócio do cananeu Melquisedeque deveria ser, portanto, maior do que o sacerdócio levítico do povo judeu, com base no fato de que os dízimos foram pagos a Melquisedeque na pessoa de Abraão (já que Levi ainda não tinha sido gerado quando Melquisedeque saiu ao encontro de Abraão).

Como podemos entender a afirmação bíblica de que Melquisedeque era de fato superior em nível espiritual a Abraão? O que o tornava superior?

Melquisedeque apresentou-se no Vale de Savé como um símbolo ou tipo da revelação geral de Deus à humanidade (nunca se sabe quando ou como vamos encontrar um desses representantes). Abraão, por sua vez, representa a revelação especial de Deus à humanidade, baseada na Aliança e registrada no Cânon. A revelação geral de Deus é superior à Sua revelação especial de duas maneiras: ela é mais antiga e influencia cem por cento da humanidade, em vez de uma pequena porcentagem. Assim, era apropriado que Abraão, como representante de um tipo de revelação mais recente e menos universal, pagasse o seu dízimo de reconhecimento ao representante geral.

Foi baseado no conceito do "fator Melquisedeque" que pudemos descobrir tantas e tantas religiões e culturas no mundo todo, culturas preparadas para receber o Evangelho sem que se tenha sido pregado a eles o Evangelho. Deus deu a vários povos testemunho antecipado de Sua existência. Foi assim com os cananeus, os incas, os santal, os etíopes, os mbaka centro-africanos, chineses e coreanos, os karen da Birmânia, os kachin, os lahu, os wa, povos shan e palaung, os naga e os mizo na Índia, os asmat da Nova Guiné e certos índios norte-americanos.

Até mesmo de um faraó no antigo Egito, local amplamente politeísta. O faraó Amenóphis IV – cujo nome significa "Amon está contente" – muda seu nome para Akhenaton, cujo nome significa "Glória do disco solar", pregava a existência de um Deus único. Erigiu um templo ao deus Aton, bem próximo a Karnak, um dos mais importantes centros religiosos do Egito. De onde tirou esse conceito?

Quando falamos em Melquisedeque estamos também querendo falar em todos esses povos ao redor do mundo que receberam revelações gerais das Pessoas e da Obra Divina, por meio de uma pessoa ou uma religião.

A presença de Melquisedeque, anterior à de Abraão em Canaã, de modo nenhum diminui o destino especial dado por Deus a ele. Ao contrário, não há a menor evidência de que os dois homens se olhassem com a mais leve insinuação de inveja ou competição. Eles eram irmãos em El Elyon-Javé, e aliados em Sua causa. Desde que a revelação geral e a especial têm origem em El Elyon-Javé, era de se esperar que Melquisedeque repartisse o seu pão e vinho com Abraão e este pagasse o dízimo a Melquisedeque. O surpreendente é que eles continuaram a fazer isso pela história subsequente da humanidade. Pois à medida que a revelação especial de Javé – vamos chamá-la de fator Abraão – continuou a estender-se pelo mundo, através das eras do Antigo e do Novo Testamento, ela descobriu sempre que a revelação geral de Javé – que chamaremos de fator Melquisedeque – já se achava em cena, trazendo o pão, o vinho e a bênção de boas-vindas.

Porém, ao traçar a emergência da revelação especial por meio da Aliança Abrâmica, a "Bênção" prometida vem a ser a redenção mediante o Messias. E o alvo dessa bênção é "todas as famílias da Terra". A frase "todas as famílias" constitui um reconhecimento divino das distinções étnicas em nossa raça. Além disso, Deus está tão decidido a cumprir Sua promessa de abençoar Abraão e fazer dele uma bênção para todos os povos que chega a ligar-se por um juramento, a fim de enfatizar Sua decisão (Gênesis 22: 15-18).

"Então o anjo do Senhor bradou a Abraão pela segunda vez desde o céu e disse: Por mim mesmo jurei, diz o Senhor, porque fizeste isto, e não me negaste o teu filho, o teu único filho, que deveras te abençoarei, e grandemente multiplicarei a tua descendência, como as estrelas do céu e como a areia que está na praia do mar. A tua descendência tomará posse das cidades dos seus inimigos, e em tua descendência serão benditas todas as nações da terra, porque obedeceste a minha voz."

O propósito de Deus era garantir que a promessa se cumprisse.

As Escrituras, a partir do cap. 12 de Gênesis, mostram Javé empenhado no cumprimento de Suas promessas juramentadas a Abraão, ou elas indicam que Ele parece que se desviou de seu curso, passando a buscar outros alvos? Em primeiro lugar, notamos como grande parte do Antigo Testamento é dedicada a narrativas de vários filhos e filhas de Abraão que foram uma bênção para os povos não judeus.

– *Abraão deu testemunho aos cananeus, filisteus, heteus, egípcios;*

– *José abençoou os egípcios de maneira admirável;*

– *Os espias que entraram em Jericó tornaram-se uma bênção para Raabe;*

– *Noemi foi uma bênção para duas moabitas;*

– *Moisés tornou-se uma bênção para Jetro, seu sogro;*

– *O rei Davi fez com que até seus inimigos, os filisteus, conhecessem a grandeza de Deus;*

– *O profeta Elias foi uma bênção para a viúva de Sarepta;*

– *O profeta Eliseu foi uma bênção para Naamã, um sírio;*

– *Jonas, embora relutante, tornou-se uma bênção para a nação de Nínive;*

– *O rei Salomão foi uma bênção para a Rainha do Sul, procedente de Sabá;*

– *Daniel e seus três companheiros, Sadraque, Mesaque e Abede-Nego, foram uma bênção para os babilônios;*

– Esther e seu tio Mordecai foram uma bênção para todo o Império Persa;
– Ezequiel, Jeremias, Esdras, Neemias e outros profetas levaram a Palavra do Senhor a várias nações gentias.

Fica claro que o Espírito Santo empregou um princípio de seleção para decidir quais narrativas biográficas deviam ou não fazer parte do Antigo Testamento. Dentre dezenas de outras narrativas dignas de mérito, Ele favoreceu aquelas que ilustram a Promessa de Gênesis 12. Esse é um tema unificador, a verdadeira espinha dorsal da Bíblia.

Se passarmos agora para o Novo Testamento, vemos Deus se aproximando do Seu antigo compromisso ou se afastando dele?

O apóstolo Paulo não deixa qualquer dúvida de que o novo Testamento na verdade é uma continuação do propósito original de Deus revelado na Aliança Abrâmica. Por exemplo: cinco vezes num único capítulo de uma epístola – Gálatas – Paulo enfatiza a ligação ininterrupta entre a Aliança Abrâmica e o Evangelho do Novo Testamento (Gálatas 3: 8, 14,16, 19, 29). Todos os que se identificam com Jesus Cristo pela fé Nele são também "o descendente" de Abraão.

Os cristãos geralmente têm deixado de apreciar o fato de Paulo e outros apóstolos considerarem a Aliança Abrâmica como base de tudo o que Cristo veio cumprir. Paulo define essa profunda percepção, dada como revelação, em espírito: (o mistério é) que os gentios (todas as nações) são co-herdeiros, membros do mesmo corpo e co-participantes da Promessa (Aliança Abrâmica) em Cristo Jesus por meio do Evangelho (Efésios 3:6; Romanos 16:25-26; Colossenses 1:25-27).

Por que então dezenas de milhares de professores e comentaristas bíblicos, em toda a cristandade, deixaram de refletir a centralidade da Aliança Abrâmica ao ensinar? Os seguidores de Cristo, em todo o mundo, poderiam ter tido cem vezes mais vigor missionário se os professores e líderes tivessem compreendido e comunicado isso. A Aliança Abrâmica é a espinha dorsal da Bíblia, a viga-mestra da revelação especial. Negligenciar isso fará com que sejamos menos motivados a transmitir as bênçãos recebidas, não apenas a nosso próprio povo, mas a todas as nações da Terra!

Sugerir que Deus não está mais interessado em cumprir suas duas antigas promessas a Abraão seria supor também que a mente Dele mudou, e "é impossível que Deus minta" (ou esqueça – Hebreus 6:18).

Os cânticos descritos por João no Apocalipse já foram ouvidos e pregados milhares de vezes, mas não aprendemos seu verdadeiro significado: Digno és (o Cordeiro de Deus)... porque foste morto e com o teu sangue compraste para Deus os que procedem de toda tribo, língua, povo e nação (Apocalipse 5:9-10). Certamente João não está descrevendo nessa, e em outras passagens, o cumprimento final da história, tão somente. Ele fala sobre o cumprimento final do propósito específico de Deus na história, ou seja, abençoar todos os povos da Terra por meio do descendente de Abraão, Jesus Cristo! Ele usa todas as divisões e substantivos disponíveis na língua grega para designar a humanidade, a fim de indicar os tipos de subdivisões étnicas que foram os alvos originais da bênção Abrâmica.

Deus irá manter seu antigo propósito até o fim, é isso que João está nos dizendo.

E você, leitor, faz parte dessa promessa, dessa aliança, dessa história de amor! Você foi criado à imagem e semelhança de Deus e tem como missão central levar essa mensagem a todos que estiverem ao seu redor. Com testemunho vivo. Como tocha de fogo por onde andar, levando a luz de Cristo aos que estão em trevas. Caminho aos perdidos.

"O Espírito do Senhor Deus está sobre mim, porque o Senhor me ungiu para pregar as boas-novas aos pobres. Enviou-me para restaurar os contritos de coração, proclamar liberdade aos cativos e abertura de prisão aos presos, apregoar o ano aceitável do Senhor e o dia da vingança do nosso Deus, consolar todos os tristes e ordenar acerca dos tristes de Sião que se lhes dê ornamento por cinza, óleo de alegria por tristeza, veste de louvor por espírito angustiado. E eles se chamarão árvores de justiça, plantação do Senhor, para que ele seja glorificado. Reedificarão as ruínas antigas e restaurarão lugares há muito devastados; renovarão as cidades arruinadas, devastadas de geração em geração...

...E vós sereis chamados sacerdotes do Senhor, e vos chamarão ministros de nosso Deus.

...A tua posteridade será conhecida entre as nações, e os seus descendentes no meio dos povos. Todos quantos os virem os conhecerão como descendência bendita do Senhor."

Isaías 61

REFERÊNCIAS

BÍBLIA. Português. *Bíblia de Estudo Vida*. Tradução de João Ferreira de Almeida, edição contemporânea revisada. São Paulo: Editora Vida, 2011.

BÍBLIA. Português. *Bíblia de Referência Thompson*. Tradução de João Ferreira de Almeida, edição contemporânea revisada. São Paulo: Editora Vida, 2012.

Enciclopédia Novo Conhecer. São Paulo: Abril Cultural, 1980.

HAQQ, Rafiqul. *As Mulheres no Islamismo*. Pioneer Book Company, 1992.

KARDEC, Allan. *O Evangelho Segundo o Espiritismo*. Instituto de Difusão Espírita, 1996. KARDEC, Allan. *O livro dos Espíritos*. São Paulo: Instituto de Difusão Espírita, 1995.

FONTE: Chaparral Pro
IMPRESSÃO: Paym

#Ágape nas redes sociais

www.agape.com.br